稻田读书

目光清澈的人

在那稻田相见

朱华丽 著

闲书慢读

浙江工商大学出版社

杭州

图书在版编目(CIP)数据

闲书慢读 / 朱华丽著. —杭州:浙江工商大学出版社,2022.1

(稻田读书 / 周华诚主编)

ISBN 978-7-5178-4723-6

Ⅰ. ①闲… Ⅱ. ①朱… Ⅲ. ①书评—中国—现代—选集 Ⅳ. ①G236

中国版本图书馆 CIP 数据核字(2021)第 229449 号

闲书慢读
XIANSHU MAN DU
朱华丽 著

出 品 人	鲍观明
策划编辑	沈　娴
责任编辑	孟令远
封面设计	观止堂_未氓
责任印制	包建辉
出版发行	浙江工商大学出版社
	(杭州市教工路 198 号　邮政编码 310012)
	(E-mail:zjgsupress@163.com)
	(网址:http://www.zjgsupress.com)
	电话:0571 - 88904980,88831806(传真)
排　　版	杭州朝曦图文设计有限公司
印　　刷	浙江海虹彩色印务有限公司
开　　本	787 mm×1092 mm　1/32
印　　张	8.625
字　　数	139 千
版 印 次	2022 年 1 月第 1 版　2022 年 1 月第 1 次印刷
书　　号	ISBN 978-7-5178-4723-6
定　　价	68.00 元

作者简介

朱华丽

文化工作者，浙江省文艺评论家协会会员。多年从事散文、诗歌、文艺评论等创作，作品散见于国家和省市各级报刊杂志。诗歌、散文作品入选多种选本。曾获浙江省文化厅专业干部才艺大赛文学作品类金奖等荣誉。现居杭州。

前　言

　　读书的特别之处在于,它既可以是一件非常自我的事情,不需要与他人对话,又能与每一个人对话。读书可以是一件不必刻意分享的事情,一本书,一杯茶,一段起伏跌宕的音乐,窝在小小的空间,全然不必理会外界,这是种很惬意的体验。读书也可以是一件彼此分享的事情,我们共同走进书的字里行间,你说你的体悟,我谈我的感受,突然,我们找到了彼此共通的地方,此刻,读书的乐趣因为共情而生动起来。

　　我以为独自一人读书,偶有所得只能窃喜;与众人分享读书之乐,收获的是一种更开阔的精神交流。游弋于书海,即便卷帙浩繁,如有日积之功,也能吸收其中光华。

　　父母常常教育子女要"好好读书","读书"这个词承载了上一代人对下一代人的期望。这个词,其实在两千多年前便已经有了,《论语》《礼记》均有记载。除了叫"读书",还有"看书""观书""攻书""摊书""诵书""念书""翻书"等说法。拼命读书可以叫"徇书",重读可以叫"温书",等等。看似不同的字却在传达同一种意思,细细品来却又有分别,可见读书是一门多么深的学问啊。

从古至今,爱读书的人都会认为读书是一种享受,因而有人嗜书如命。将读书这件事置于某种特定的环境里会显得格外雅致:屋外扬雪或落雨,屋内入焚香、扫室,且坐、且躺、且倚,感觉惬意舒适即可,昼可临窗而阅,夜可秉烛而读。

环境不同,读书之感往往不同,但沉浸其中,读到后来对环境似乎也就没有那么在意了——境随心转,心已然尽在书中。此外,不同年龄段读书所得亦不同,张潮说:"少年读书,如隙中窥月;中年读书,如庭中望月;老年读书,如台上玩月。皆以阅历之深浅,为所得之深浅耳。"随着阅历的增加,从"曾经的少年"到"迟暮之年",体悟自然深浅不一。

历史上很多文人都是"读书狂人":心情好看书,心情低落看书;身体好看书,抱恙还看书,此时,书对他们就像营养品一般。比如,女词人李清照病后初愈,对着残月顾影,窗纱边榻上的佳人容颜不似以前,稀疏的两鬓又添了些白发,人恹恹地靠在枕上,但精神不佳并不影响她看书的雅兴,反倒对着雨中的景致读起书来。

《孟子》中说:"君子有三乐,而王天下不与存焉。父母俱存,兄弟无故,一乐也;仰不愧于天,俯不怍于人,二乐也;得天下英才而教育之,三乐也。"其中"得天下英才而教育之"的乐趣与读书倒有很大的关系:读书者,做学问之人,能教那些做学问者,确实是人生一大幸事。

以上一直在说读书有这样那样的乐趣,殊不知,有些时候读书也是一桩苦差事,特别是和做学问紧密联系起来。古人阅读之法颇多,且多以苦读为主,读书是治学的重要内容,很多文人的治学态度甚是严谨。朱熹常常劝诫读书人:"读书有三到,谓心到、眼到、口到。"王国维在《人间词话》中谈及做学问的三重境界,一层更甚一层,只有经历憔悴,方可回望灯火阑珊的美好。

查了一下关于读书做学问的方法,真是不查不知道,一查吓一跳,简直是竭尽一切心思用在读书上。无论是欧阳修的"记字日诵"读书法,还是汉代学者董遇利用"冬者岁之余,夜者日之余,阴雨者晴之余"读书的方法,指向的都是读书中最重要的品质——坚持,唯有坚持才能精进学问。

更有甚者,明代学者张溥采用"七录七焚"读书法,强调反复读记、循环往复,颇有些"读书百遍,其义自见"之意。以现代的眼光来看,张溥这种苦读之法着实令人费解,以这样的效率无法阅读更多内容。相较之下,虽然同样需要反复几次，一般人还是更能接受苏轼的读书之法，他说人的精力有限，读书不可能面面俱到，如果每次阅读选一个视角，则每次都会有不同的收获。所以，读书方法没有优劣，因人而异罢了。正如《世说新语·文学》中褚季野对孙安国说："北人学问，渊综广博。"孙安国回答道："南人学问，精通简要。"支道林听了他们的对话之后，综合了北人和南人读书的特点，说："北人看书，如显处视月；南人学问，如牖中窥日。"意思便是，看书做学问有时要广博，有时又要简明，没有谁好谁不好之说，这算是中间人的立场吧！

以上读书之法通常和做学问联系在一起，但很多现代人读书仅仅为了休闲或开阔眼界，不必苛求所有人一定要以学者的态度纵情书海。闲暇之余，若能从阅读中得到一些启发、一些领悟，其实就已经很好。

古人与今人何以相通？当代人之间又何以相通？通过读书，我们在彼此间架起一座隐形的桥梁，内心多了一份理解与宽容。我逐渐明白了梁文道的话："读书到最后，是为了让我们更宽容地去理解这个世界有多复杂。"

目录

古意编

哲思编

转境编

风物编

一草一木皆滋味

灵动韵致的文字,悄悄地落入心底,更显醇香,如此读者便能顺着作者记忆的河流,抵达远方的家。

儿时,我们也许会觉得乡野生活是粗粝的,内心渴望精致;当过去成为记忆里的一抹墨色,我们才感叹现实粗鄙,当初的朴拙是何等珍贵。蒙田说:"我们最伟大而光荣的杰作就是恰如其分地活着。"可是在隔三岔五被雾霾包围、食品安全堪忧、生态环境遭到人为破坏的今天,我们还能平静地、恰如其分地活着吗?在周华诚的《草木滋味》(广西师范大学出版社,2017年1月第一版)中,也许你会品出那种久违的返璞归真的滋味。这番滋味并非作者妙手偶得,说循着梦想的微光也罢,说悟到现实的细微之妙也好,总之它能唤起人心底的那种质朴纯真的渴望。

全书由"草木生""南方书""流浪帖""烟火集""灶下语"五辑组成,取这些诗意中带着烟火气的名字,必定是下足了功夫,不难看出作者满满的诚意。这本书像一个流浪的诗人与万物对酌,又像多情的男子在梦境中絮语,还像主妇在灶台的烟火气息中念叨柴米油盐。每一辑都像无数个饱含情感的镜头:近景、中长景、特写、手摇镜头,眼前浮现出的是似曾相识的草木、美食,温暖平凡的生活细节,连接的是味蕾、视觉意象中的故乡。

书中,"草木生"是对故乡风物的重现,我们读到的是作者对故乡远去的农耕生活的怀念;"流浪帖"是对光阴里小旅行的纪念,读到的是人生沿途的风景和风景触发的思考;"灶下语""烟火集"是一个正宗吃货对美食的如数家珍,读到的是"偷得浮生半日闲"的烟火气息和厨下小事;而我个人更偏爱"南方书",其中的温情闲谈见证了两个朗朗汉子之间跨越重洋的友谊,既是写给那位与作者心意相通的神交——远人兄,也是写给作者自己和昨日的旧时光。

它是一本散文集?我敢说它更像一本文学性与趣味性兼具的菜谱、野果录或者其他。它深入浅出、细腻清新、趣味盎然,作者在记录的同时又颂扬着无数人心中远去的田园。地苤、板栗、果公泡、山楂、茶泡、乌胖子、牛卵䘗子、乌桃这些野果垂挂在记忆的树梢;垂丝海棠、木槿、梨花、紫云英的香气缭绕在那位在山坡上砍柴的一脸稚气的少年的脚边;地耳、醅糕、螺蛳、棕鱼(不是鱼,是棕榈树的嫩花)、紫苏的味道绽放在舌尖味蕾处。能把生活写得有诗意是一门艺术。"生活中不缺少美,而是缺少发现美的眼睛。"法国雕塑家罗丹这句话说得真好。能把生活囊括进诗的范畴的人,必然是一个极有生活情趣之人;若能将这些看似平常的草木、吃食寄予幽微的哲思,似乎又能看出些人生态度之类的门道。汪曾祺先生的散文选集《生活,是很好玩的》同样是以细腻敏锐的笔触发掘生活的诗意与美。由此看来,生活的诗意与诗意的生活是相辅相成的。

"草木滋味"是淡淡的、清幽的,与之匹配的语言应该是木质的,通常如水,浅显明白,如胡竹峰在序中道:"周华诚的文字是浅的,这种浅是浅草、浅水,浅得轻盈,浅得坦荡。"正是这般淡淡才让"草木滋味"撇开浓墨重彩,宕开一笔,不落窠臼。如封底处"树叶坠落划开空气,坚果落地震动山谷,空山鸟语响,远寺钟声慢","炊烟直上,雾渐起,蝴蝶扇动翅膀,小鹿蹑脚走,太阳下山,狐狸精在书页间徘徊",这样浅淡的语言却充满画面感,给人以视觉冲击。这是需要多少次在山间冥想方有的洞察?这种浅淡是对生活、对文学潜心修行的结果。

在烂漫唯美的手绘插画中,我们观察着一草一木,吞吐故乡的气息,品尝周华诚笔下的美食。灵动的文字,悄悄地落入心底,更显醇香,如此读者便能顺着作者记忆的河流,抵达远方的家。

高原上的漫游与吟唱

从新寨玛尼石堆,沿通天河,经过无数经幡,直到并入朝圣之路,每个人的灵魂都应该是谦卑的,因为"人类走在前面的辙印,校正着未来的方向"。

《云端上的日子》(宋长玥著,广西师范大学出版社,2019年11月第一版)是一部非虚构文学作品,是大地记忆丛书之一,作者独立、冷静,忠于内心。行走青海,来往古今,宋长玥静静地审视着这片神性高原承载的历史奇迹。他如实地记录、本真地反映着曾发生在这片土地上的点点滴滴,零碎的记忆由此不断被拼接完整,虽然复原的史实已非原貌。

雄峙西部的青藏高原,有着独特的自然风光。作者屐痕所到之处,是震慑心魄的山河高原的大美,高原数以万年地矗立着,接受风沙洗礼与河流冲刷。作者一次次走到江河源头、昆仑上腹地、祁连山山麓、唐蕃古道。那闪耀着铜质光泽的隆务河,作为中华"龙脉之祖"的昆仑山脉,广阔的可可西里,沟壑纵横、山峦绵延的黄土高原……如此种种不胜枚举,鬼斧神工的自然风光仿佛镌刻在这片神奇的土地上,绝美的山河长卷上,一个个小小突起的山岢也令人着迷。

书中的文字展示了历史文化沉积之美。作者认为,文明从人类古老的游戏和生活中抽象出来,又为人类的众多活动赋予深邃的内涵,比起地理风光,与脚下黄土融为一体的文明更令人难以忘怀。那绚丽多彩的人文景观、历史遗存,即使我们只能见其一角,这历史帷幕一角的华美也足以令人叹为观止。马家窑文化、宗日文化、吐谷浑文化被定格在历史深处,永远闪耀着神秘的光辉。保安古城、隆务老街、郭麻日、尕撒日……古城村廓隐匿在白云神山的庇佑中。六月会上拉哇请神和众人的神舞,经幡飘扬神的启谕和信徒的虔诚,神秘且历经磨难的藏传佛教,传递着宗教密宗和民间信仰。一曲曲回响在高原之上的民歌、镌刻着心灵秘史的海西岩画,吸纳了诸多民族元素;熔宗教与世俗、艺术生活为一炉的热贡文化,讲述着生生不息的传承。还有典籍里记载的像更敦群培一样的寂寞圣哲们,秉执火把走在风雨飘摇的时代,"泰山其颓乎,梁木其坏乎,哲人其萎乎"。不断有人继承圣哲衣钵，化解世间灵魂的困厄，在风雨中执着前行，像遥远的微光穿越漫长的岁月，让后人不再孤独。

书中记录了西域族群踽踽前行的精神图谱。作者十四岁离开青海去嘉峪关谋生，把自己的离乡经历和高原上先人们的一次次迁徙结合，他觉得"故乡，是一个变化的概念，一块游动的土地"。人类的历史总因迁徙融合而不断发展，"故乡"不只是一个地理概念，还是来自遥远血河涛声的轰鸣，也是对血脉族源的一次次辨认。

金戈铁马远去，古战场征战的痕迹犹在，任何一个民族的迁徙，都需要巨大的努力；任何一个守望家园的民族，都值得尊敬。一来一回，作者的乡愁乡思进阶成一种更宏阔的集体记忆，在时间长河中回荡，被后人不断缅怀铭记。唯有记得从哪里来，才能懂得去向远方。同时，作者也提醒人们要记住时间积累的经验，所有的鲜血都应该成为未来的前车之鉴，而不应采取一种"与我无关"的态度。除了历史的纵深感，非虚构作品背后折射出来的沉重历史观，更值得后人深思。

人间处处是繁锦，心灵孤独无归处。

"心在云端上找到了故乡"诗意地表达了作者内心甜蜜的乡思，它的美好寄望，让先人们迁徙这部悲壮的长歌有了诗性的叙事感。

　　宗教、自然风光、民风民俗、艺术将高原的过去和现在巧妙连接起来,不断丈量着这块高海拔大陆遥远的文明。在画满特殊符号的彩陶器上,那充满热度且诗意的文字里,我们再一次感受到了深藏其中的一个民族的精神。从新寨玛尼石堆,沿通天河,经过无数经幡,直到并入朝圣之路,每个人的灵魂都应该是谦卑的,因为"人类走在前面的辙印,校正着未来的方向"。

在钱江潮中寻根

这部气势磅礴的小说以史诗般的画面呈现了"人类造地史上的奇迹",立体而真实地追溯了"奔竞不息,勇立潮头"的萧山精神源头所在。这种精神并未随着历史的远去而消弭,反而越来越清晰。

从大禹治水,到历史上的治"黄"、治"淮",我们的祖先在天灾面前的隐忍与抗争令人感慨唏嘘。历史上,钱塘江以潮水闻名,但是钱塘江并不是一条温和的大江,在其潮汛期,凶狠的潮水就会不期而至。曾经,这条喜怒无常的母亲河让多少老百姓流离失所,无家可归,却又束手无策。历史记载,钱塘江"坍江"是常事,后来萧山县(今杭州市萧山区,小说的萧金县以萧山县为原型)举全县之力围海造田五十二万亩,使近三百五十平方千米的滩涂变成良田。这就是萧山围垦,它是萧山先辈用血汗换来的硕果!这部气势磅礴的小说以史诗般的画面呈现了

"人类造地史上的奇迹",立体而真实地追溯了"奔竞不息、勇立潮头"的萧山精神源头所在。这种精神并未随着历史的远去而消弭,反而越来越清晰。这是一部有情感温度和思想纵深的作品。作者有着对历史的冷静观照,对人性的深刻触摸,对情感的细致体察,一个作家的时代使命感与责任感由此可见一斑。

由麦家、马原、格非、艾伟、徐则臣联合友情推荐的长篇小说《大围涂》(俞梁波著,东方出版中心,2017年7月第一版),分为上下两部,共计六十万字,讲述的是20世纪70年代中后期,在特定历史时期萧金县围涂治江的故事。全书设置了四十一章,或许冥冥之中有着对坍方后四十一条生命的祭奠和悲悯吧!书中所写的钱王江即现实中的钱塘江,一开头满目疮痍的灾区现场迎面而来:潮水冲破堤坝肆虐,宁和公社首当其冲,成为受灾最严重的一个公社。灾民声嘶力竭地呼喊,无数草舍瞬间被淹没,一个个扣人心弦的场面全景式拉开围涂治江的大幕。公社书记汪阿兴带领众人治水,虽置身一穷二白、人事复杂的境地,屡战屡败,但几经波折,不辱使命,最终举全县之力大围涂,实现了战胜自然灾害的"长征"。绝望与重生,挫败与成功,误解与冰释,各色人等在大围涂这一造地史奇迹中一一上场。这些小人物在时代的洪流中挑石筑塘,翻开了这页有血有泪的历史篇章。

　　说起创作初衷,作者把它归结为一种情怀,一段历史,一份对脚下这片土地的热爱和依恋,还有某种反省。从 2011 年起,这种情怀像他无意中种下的一颗种子。到了后来,这颗种子日渐成长,仿佛成了一个盘踞在他体内的瘤子,四处游走,逼迫着他不得不提笔来写。他的心中一直有一种要喷发的情感:对萧山人坚韧的精神的钦佩和赞美。

　　与作者以往的作品不同,《大围涂》选择了另一种叙述方式,以成片的白描代替了想象语言、叙述语言、评论语言,并以密集的人物对话推进小说叙事,这需要作者具有更强的情节操控力以及对人物的把控力。小说平淡质朴的语言适时安排支撑着故事发展的脉络,这需要对生活扎实的观察、正面强攻式的勇气和内心的定力。《大围涂》迥异于报告文学的宏大叙事和史诗语言,它的语言质朴,不追求形式的华丽和宏阔,见微知著,于平凡之中彰显张力。

　　除了叙述方式,在叙事特征上,虽然整部作品是虚构的,但是它以一个特殊的历史时代作为背景,参照真实历史,给读者尤其是亲历过那段历史的读者以出离现实又深陷回忆的真实感和现场感。这种近于"第四类写作"——非虚构文学的记录性叙述,以它的现场感、真实性,满足了读者的需求。

《大围涂》是一部英雄的史诗。汪阿兴是一个事业强人,一个感情侏儒,一个看上去粗线条却心思缜密的人;老铁头,深谙职场之道,却苦于无力改变,意图借力东山再起,本性正直却常常暗自盘算自己的"小九九";胡慧丽医生性格泼辣,一腔热血却容易冲动;就连近乎完美的方医生,在与胡慧丽起初的对话中也会说出"你是城里人,比我们金贵"这样狭隘的话来。小说中的每个人物都有或多或少的缺点,但这些缺点反而成就了人物的丰满和真实。他们随着小说与读者一起成长,小说中人物的成长,是一种自然状态下的成长。作者给一个个小人物"树碑立传",是对英雄的致敬,是对那段岁月的铭记,更是对那个时代创造了历史的奋斗者和牺牲者的纪念!

这部英雄的史诗里布满了一道道感人至深的情感沟壑,尤其是以汪阿兴和方医生的爱情为主线生发出来的情感线。在那个特殊的年代里,人们讷于表达又害怕表达自己的感情,因为会被别有用心的人当作典型反映上去,被组织叫去谈话。作者对汪、方二人的爱情描述是含蓄的、收敛的、克制的。汪阿兴出于内心的自卑,又有儿子拖累的顾忌,不敢向方医生表达爱意。方医生以一个传统女性的身份默默守候爱情,这种纯纯的爱令人动容,不由得心向往之。尽管方医生去世的时候得到了汪阿兴的爱,汪阿兴却失去了方医生。也许正是这种遗憾,让后半部小说中汪阿兴不顾自己的困难和他人的反对,大胆表达对胡慧丽的爱,最终赢得了爱情。除了这条爱情主线外,鲁阿牛一家收留丁玉洁的乡亲情,鲁伟潮、徐定强、丁二南一波三折的兄弟情,汪阿兴与老铁头并肩作战又斗争不断的同事情,都如潮水般暗涌不断,构成了丰富而有层次的故事。

《大围涂》里每个人物在历史的潮水中都显得十分鲜活,而我们后人也将永远铭记那段可歌可泣的历史。小说中四十一个乡亲死了,方医生死了,老铁头死了,拖拉机手死了,让读者内心无比难过。连俞梁波也不无动容地说:"在创作的过程中,我流过泪水。这几乎不太可能,但确实发生了。"因为那段历史中我们的先辈付出了沉重的代价,所以我们更应珍惜现在的生活。读这部作品,年轻人可以找到根的所在,中老年人可以重温激情燃烧的青春,不同阶段的读者都能体会到小说的情怀。

不沾片叶，稻香满腔

即便静静吃一碗米饭亦是幸福，人生的素简更铺展至静美无边。

从小，我就经常听长辈说："做人要管好自己的一亩三分地。"至于每个人心中的一块田地，是细心耕耘还是任其荒芜，完全取决于心的归属。从农耕文明一路走来，我们的祖先用沾满泥土的双脚丈量稻田，并用从这片土地上学到的最朴素的语言，警醒自己并教导子孙后代。《一日不作，一日不食》（周华诚著，广西师范大学出版社，2020年7月第一版），这个书名就是好好劳作、好好吃饭的意思，更是于至简中暗含着生活的大哲学。

周华诚从乡村走向城市，又从城市回归乡村，来去之间，他有了一个特别有意思而雅致的称呼——"稻长"。他随时可以视察两块水稻田：一块在土地上，一块在人心里。

生长在土地上的那块水稻田,是具象而生动的,它们是四季的灵魂舞者:秧苗在空中飞舞,稻花在颖壳里兀自绽放,一串串谷穗渐次垂下,掼桶中谷粒飞舞。合适的时间伴着合适的事情,稻田恰如其分地扮演着四季的角色,同时,大自然的声音也充实着这块土地。"稻长"每每蹲在田间地头,认真聆听大自然发出的每一种声音,并细心地将它们记录下来——对他而言,没有比这更好的馈赠了。无论是舞蹈还是妙音,都带着祖祖辈辈的记忆和远去的身影,留给现在的我们最真实的体验。这种体验将成为在稻田上走过的人的一段值得庆幸的时光:简单、宁静的时光。

看着一株幼苗成长为一束稻穗,农人不仅仅在参与生命完成的过程,也在尝试将一段时光过得更悠缓惬意,穿过稻丛不沾片叶,已然稻香满身。

再说人心上的那块稻田。如果接通了人与大地的联系,那它也许比具象的稻田更加繁茂,就像里尔克说的:"创造者必须自己是一个完整的世界,在自身和自身所连接的自然界里得到一切。"细细体味"稻长"笔下的这片稻田,会发现他的稻田情感是如此饱满,意蕴是如此丰富。

水稻田是充满文艺气息的一种存在。《卖瓜声过竹边村》中,"稻长"眼里的水稻田不仅能孕育出粮食,而且能孕育出美好的生活方式。"稻长"将这些文艺方式浓缩在每一卷当中，从卷一"侘寂帖"、卷二"四季歌"到卷三"相见欢"，再到卷四"桃花酒"，行走在充满稻香、飘着花粉的文字中，看一粒平常的稻谷如何在田畴中摇曳生姿。沉醉在文中挡住去路的一树梨花的浪漫中，三亩清风明月的美好，让人更觉卷三"相见欢"中的珍贵之处：过着喜欢的生活，因目光清澈而能在稻田相见并分享共同的心情。即便静静吃一碗米饭亦是幸福，人生的素简更铺展至静美无边。

文艺气息也感染着每一个从稻田边走过的人。一位位诗人美好的诗句在山野间升起，无数"稻友"因同一种心境，聚在浙西村庄收获春天播下的希望。这个小村庄不再只属于农人，它属于诗人、歌手、作家等，田间劳作的艰辛与美好，热闹与寂寥，疲惫却总带着幸福的滋味。从快节奏的城市生活中抽身出来，走进乡村、亲近自然，享受一个人或者一群人插秧、锄草、收割时的怡然之乐。在篝火生起的晚上，在满天星辰下，他们击节而歌，情至深处还和乐起舞。此时的稻田充满文艺气息，每株稻穗都传递着自然的乐符。其实古人又何尝不是如此，很多传统舞蹈、传统音乐、民俗均源于此，稻田的文艺之处就在于复原旧有的传统，又从旧有的方式中咀嚼出新意，仿佛谛听时间的流逝。

劳动艺术中的顿悟又何尝不是更大的人生收获呢？唐朝布袋和尚《插秧诗》中，"退步原来是向前"说的是插秧看似在倒退，但望着眼前逐一插上的秧苗，望望来时路，想想要去的方向，心灵便觉坚定与充盈。对个人如此，对众人抑或时代，也是如此。稻禾青黄往复而未变，科技在发展，时代在变，人的追求在变，但人们面对周遭世界与人生困境的实质又是亘古未变的，变与不变间充满了复杂的求索和思考。

央视播放的纪录片《文学的故乡》引发了很多人的思考。《文学的故乡》摄制组自2016年夏开始，花费两年时间，聚焦六位作家的故乡生活，还原了六位作家的童年往事、青春岁月。观众跟随着作家的脚步来到"文学的故乡"，寻找文学的根之所在。

近年来，很多关于故乡、乡村记忆的作品通常更关注自我个体情绪，格局反倒狭隘，甚至略有消极。我特别喜欢"稻长"对稻田的独特理解，他不引经据典、空谈说教，只用散淡数笔，便触及更广阔的言说。无论是对外部世界的探索还是对内部世界的探知，都有自己独到的一面。也许正是因为对这片稻田的熟悉，才会有这样的感触。"采菊东篱下，悠然见南山"是一种淡泊心志的境界，平衡出世入世更难能可贵,"稻长"与稻田对话、与河流山川对话、与季节对话,不断接通自己和土地千丝万缕的联系。所以,他一次次站在土地上,既感到踏实,又深知遥望星空的责任。在这样美好的稻田中,他才会思考一个人的光阴,应该怎样从容度过;我们的目光要怎样穿越局限,才能够容纳这寂静河山;又要怎样融会贯通,才能在胸中流淌出一条自己的精神河流。

将生活的故乡转化为文学的故乡,"稻长"周华诚也不断尝试着将浙西常山老家的水稻田融进他的精神世界,酿进文字,流泻成《草木光阴》《草木滋味》等作品。山乡岚气流动,鸟鸣四起,在村廓转角豁然开朗,出现一片稻田,它一年复一年,青了又黄,黄了又青。它见证着无数生命的消逝与一个村庄的变迁,还有人与这个世界的默契,以及永不迷失的归途!

在时间的暗河中静静流淌

大时代，给予了桂林以抗战文化城的生机；桂林城，给予了那个大时代卓然独立的牺牲。

俗话说"桂林山水甲天下"，去过桂林的人必然念念不忘那派以山水闻名的岭南风光，用"五步一个景，十步一重天"来形容它，一点不为过吧。"山水甲天下"的桂林为世人熟知，但对于载入史册的"抗战桂林文化城"，知晓的人恐怕要少得多了！

"抗战桂林文化城"是指 1938 年 10 月广州、武汉相继失陷以后，到 1944 年 11 月桂林、柳州相继陷落以前，在桂林呈现的抗战文化繁荣的现象。《历史的静脉：桂林文化城的另一种温故》(黄伟林著，广西师范大学出版社，2018 年 1 月第一版)，是在一张泛黄的历史文化地图上，还原一个鲜活的"文化城"当时的人情风貌，呈现了抗战时期桂林作为文化中心的横断面，进而书写了这一横断面上桂林的人、桂林的事、桂林的建设,内容涉及文化、风物、名人等方方面面。全书四十三篇随笔各成一章,又有机成为一体,深入浅出地挖掘、剖析了桂林的抗战文化、历史文化、地域文化。

什么是"桂林文化城的另一种温故"呢？窃以为,作者认为写桂林文化城的书籍、文章甚多,所以综各家学术之精华,采访亲历者,搜罗回忆录,从自己的见闻、思绪入手,旁征博引,带领读者触摸距今七十多年的历史往事的余温,算是对这座文化城的另一种温故,如海明威抗战桂林行、齐邦媛记忆中的桂林岁月、邹韬奋"流亡"桂林的经历、张洁的童年记忆、胡适留给桂林的印记等。战火纷飞的时局下,桂林接纳了这群文化人以及他们的思想,他们怀着激情为桂林文化城书写了那个年代辉煌壮烈的诗篇。通过贴近了解那段历史,作者也由最初认为的"千人一言"过渡到更深刻的认识:其实每个文人在桂林不是简单的旅居或者过客的关系,而是息息相关的寄生关系,他们为桂林在历史上写下了浓墨重彩的一笔。

书中令读者印象颇深的是对桂林山水、桂林特产、战时文化的描写和讲述。

桂林山水绕不开。这本书是一本文化旅游指南,《桂林城最有名的山》《文化城之前的桂林城》《当年如何欣赏桂林山水》等篇目都有对桂林山水的盛赞。整体上,桂林拥有极其特殊的山川形胜,东有漓江,西有桃花江,两条河流之外,城内山峰湖泊星罗棋布。金字招牌"独秀峰"拔地而起,登临其上,整个桂林城统揽其中,望尽"千峰环野立,一水抱城流"之格局;摩崖石刻随处可见,信手抚之,一种来自历史深处的回响经由指尖在耳旁久久回荡。如当年五五旅行团的桂林印象:"桂林山水之胜,目不暇给。"这些山水象形之美和人格意味给当时前来桂林的文人墨客巨大的审美冲击,恽荫棠笔下的荔浦、阳朔之间"奇景荟萃,田亩肥沃,黛峰锦嶂,趋前拱后"。郑健庐除了有对山水同样的感叹外,还意识到中国古代的山水画并非凭空臆造,确以实景为原型。同时,作者还借千年前范成大对桂林"平野豁开"的感叹,抒发时至今日桂林城区山水通透空阔不再的惋惜。

桂林特产忘不了。这本书是一部文化美食画册,《正宗的桂林米粉》《文化城的桂林菜》《月牙山豆腐》《文化城特产》等篇对桂林的美食均有描述。作为"桂林三宝"的桂林米粉令人垂涎,在桂林随处可见米粉担子;吃了三四十碗方能过瘾的"马肉米粉",分分钟把吃货的馋虫勾引出来;那被称为抗战时期最著名的桂林菜的月牙山豆腐,出自"崖至半悬,望之如新月初生"的月牙山,与其说是厨师有独家秘方,毋宁说是远眺群山迢迢、耳听漓水哗哗的意境为这盘素菜加了佐料。除此之外,连鲁迅先生都想一尝佳味的荸荠,阳朔的金橘、柿子,等等,都使这座抗战文化城有了色、香、味的诱惑。

战时桂林文化值得铭记。桂林这座具有深厚文化底蕴的王城、皇城,虽不及北京城的气魄雄浑,但也气韵不凡。自古桂林人文气息浓郁,学风蔚然,自从唐代乾宁二年(895)出了一个状元赵观文后,历朝历代状元辈出。根植传统文化土壤的桂林,兼有避难的天然屏障,所以当时吸引了无数文化人士慕名来此。抗战时期的桂林出版过十三种具有影响力的报纸。李宗仁建立的广西建设研究会,为这座文化之城吸收了一大批文化名人。以茅盾为代表的云集桂林的文化人在国家危难关头,仍以饱满的热情,创作出了数以万计的文学作品。梁启超在《桂林新闻事业》中把桂林作为"文化城"与其他三城比肩,认为桂林是中国四大名城之一,这是属于桂林的独特文化标识。

作者徜徉在历史的山重水复中,有了更理性的认知,频频向现实抛出诘问:"桂林还有什么甲天下?"这是一个土生土长的桂林文人意识到肩头的文化责任时的思考。比如,作者对曾煊赫一时的老店消逝表示惋惜,"如今,十一孔石拱花桥犹在,芙蓉石犹在,桥下荸荠市场不再,花桥附近米粉店不少,但无一家店名'花桥荣记'";为桂林甲天下的山水之外的其他产业功能不足感到忧虑,"我仍然希望人们像记住'桂林山水甲天下'一样记住'桂林山厂甲天下'";力图唤起当局对历史文化的重视和保护,认为桂林文化城在特殊年代为中国抗战提供巨大的精神力量、物质力量,时至今日依然能焕发新的光彩:"什么时候,在桂林的什么地方,能树立起那样一座纪念碑,上面书写这样几个大字:桂林——抗战文化城。"诸如此类,比比皆是。

作者写出了抗战时期和桂林人文彼此的互文关系:大时代,给予了桂林以抗战文化城的生机;桂林城,给予了那个大时代卓然独立的牺牲。黄伟林念兹在兹的,也是令读者惦念的是桂林在特殊历史时期赓续下来的文脉,及其背后生生不息的中国人文精神。

穿越理想与行走现实

既有穿越云天的理想，又有脚踏实地行走现实的精神，由此才能更透彻地把握变动不居的现实，观照深邃的历史，承担起一个文人的责任与担当。

如果单看书名《空山新雨后》(柏峰著，文汇出版社，2016年9月第一版)，恐怕有很多不知情的读者会误以为它是一部王维的诗传，或者是一部与《王摩诘文集》有千丝万缕关联的作品吧。其实不然，它仅仅是撷取了王维《山居秋暝》中的名句为书名，寓意有三：其一，作者研读佛学经典的经历与王维晚年研读佛经的经历不期而合故引用之，切合作者写作时的心境；其二，此句寄予了作者对山水田园道法自然、天人合一的向往；其三，此句能够反映作者对应和当下社会经济走向的新文化的期盼。如果之前接触过柏峰的几部散文集《野涧散墨》《月在东篱》《归梦绕家山》，就不难发现它与那几部书名的意境一脉相承。这既是作者内心寄情山水的审美理想的外化，也表现了作者看似钦羡出世，实则是向那些在精神漫漫长路上不停求索的先辈的致敬。言下之意，作者向往的除了笔下空山新雨后的自然景致，还有耐人寻味的文化景观。

《空山新雨后》并不是一部纯粹的散文集，它收录了作者自 2013 年以来发表的散文、随笔、评论以及其他体裁的文字作品，是一部综合性文集。作者娓娓道来，耐心引导读者漫溯悠久的历史长河，见证各个时期文学的盛衰，摸索我国古典散文和现当代散文发展的历史规律，分享世界范围内的文学艺术和社会学、人类学、生态学等哲学思想资源。其中，绝大部分作品在《人民日报》《光明日报》《中国社会科学报》《中国艺术报》《陕西日报》《文化艺术报》《文苑》《秦岭》等报刊发表过。文章举一反三，旁征博引，语言醇厚，风格独树一帜；特别是评论类文章，题旨显豁，持论公允，具有鲜明的时代感和历史责任感，令人耳目一新。

《空山新雨后》又是一部逻辑缜密、富有哲思的阅读笔记，涉及文学艺术、哲学、历史、经济学等各个领域，令人不禁惊叹于柏峰览群书之广博、阅读之精细。作者让读者领略到了浩瀚渊薮的西方经典著作的精髓：麦克里兰《西方政治思想史》的汪洋恣意，马克思《资本论》的波涛汹涌，黑格尔《美学》的深邃缜密。作者笔锋一转，又对中国传统经典《易》《论语》《老子》等如数家珍。作者举重若轻的描述令阅读不再是负累，而是休闲、愉悦甚至是享受，像作者在《阅读的热情》一文中把自己安置在三十余年前一个夏天的渭北黄土高原和黄龙山脉相连的一间瓦房里；转眼到《村野读书》中他捧着书在乡村学校的一座栽着青桐的院落里顾自沉思；即便在病榻上读冯友兰时，他也像饮着甘霖般享受灵魂的愉悦。这本内容充盈、风格闲适的阅读笔记有谁会拒绝呢？

书中持续反映了工业文明急遽发展下的精神皈依问题，作者的故土——关中平原在他饱蘸深情的描摹下显得立体而真实。正如德国 18 世纪末的浪漫主义诗人诺瓦利斯所说的"哲学是怀着乡愁的冲动去寻找自己的精神家园"。作者以白描的手法勾勒出了渭河、秦岭、原野的一草一木，并把古今中外闻名遐迩的哲学家的思想缀连在一起，闪着光芒的哲思，以此寻找精神原乡。他用哲学内蕴提升散文的思想高度：既有"污垢是欲的外壳，而欲则是内核"的精神自省；也有"我知道，我心中村庄的历史就这样完结了。但愿迎接它的，是一个充满梦想与希望的别样的未来"的愁肠百结；还有"科学遮掩不住诗意，我宁肯相信从远古走来的月亮,仍然依旧,仍然在月宫门前的青石台阶上坐着一位沉沉凝思的女子……"的浪漫主义情怀;更有"呵,仿佛遥遥地听见了土地那一声声深情而又蕴含着巨大力量的心音……"的苍凉和悲壮。这些诗意的文字在读者面前呈现了一帧帧画面感十足的乡村实景图,带着质朴的民谣诉说着作者内心的不舍与眷恋,倾诉着对这片土地深沉的爱。这部作品中俯拾即是的故乡情是一大特色亮点,作者对自然景色有着"风景旧曾谙"的回味,对时下风物有着感同身受的体悟,对故乡名人有着无比骄傲的真情流露。

柏峰对散文乃至文学的痴迷、热爱深入骨髓,每次阅读领略历史变革仿佛受净化一般。带着历史唯物主义的哲学史观鸟瞰整个文学变迁史,使柏峰的作品格局更显大气,创作上也跳出了形式美学的桎梏。他的笔端汩汩流泻出的是山水自然之静美、历史现实之思辨、人生哲学之高迈。正如作者开头说的那样,应该具有这样的情怀:既有穿越云天的理想,又有脚踏实地行走现实的精神,由此才能更透彻地把握变动不居的现实,观照深邃的历史,承担起一个文人的责任与担当。

走不出的沙地，离不开的故乡

他让我们看到江潮起落的日夜，一代代沙地人在岁月的风雨中站立，和这片土地牢牢地联结在一起。

"沙地"是个很特别的地方，当然每个作家谈及故乡的时候都很诗意且特别。"沙地"的特别缘于特殊的地理位置，它地处钱塘江江畔，北岸叫"下沙"，南岸叫"南沙"，历史上，钱塘江江道发生过三次大变迁，所以沙地原处于江北，后赴江南，原属海宁，后属绍兴。这么说来，沙地是吴越之地，它的方言算是吴越方言的综合，故而沙地方言的腔调，有时软糯糯，有时硬邦邦。鲁迅先生、曹雪芹先生也出生于吴越一带，他们的作品自然也少不了故乡印记，作者援引过来，颇有一番韵味。

《故乡的腔调：沙地土话与生活日常》（化学工业出版社，2020 年 6 月第一版），是作者钱金利（笔名半文）对故乡一草一木、生活场景的诗性叙事。第一辑"没淘剩"、第二辑"放游丝"、第三辑"晚米饭"、第四辑"脚髁头"、第五辑"廊檐下",逐一阐述了每个沙地人对这片吴越之地的深厚情感,记录了他们在钱塘江畔随性随意的发声。不同于学术著作的严谨、细致,作者说这叫"土",我倒觉得这种"土"更像回归本真,跟着祖祖辈辈口耳相传的符号,一路去细品沙地的饮食、风俗、物产,"土"得很风雅。

萧山乡贤贺知章有首耳熟能详、老幼皆知的诗句,是他离乡经年、因病辞官后再次站在故乡土地上发出的喟叹:"少小离家老大回,乡音无改鬓毛衰。"乡音也许不是连贯的,但一定是充满韵脚的诗句。

钱金利说:"我写沙地方言,是因为方言就是故乡敲在我们身上的那一枚印信。"又说:"你不抹,它在;你抹了,它还在。"这枚印信将诗意铭刻进寻常生活,经过漫长岁月的濯洗,容貌变异,乡音不改。作为一个正宗沙地"出品"的人,钱金利以散文的形式推介家乡,他沿着方言的"土"赋予文字粗犷、野性的质感,语颇隽永,行云流水,对旧景旧人旧事,缓缓道来。他让我们看到江潮起落的日夜,一代代沙地人在岁月的风雨中站立,和这片土地牢牢地联结在一起。作者字里行间流淌着对家乡的热爱,情感真挚。

饱蘸情感的沙地方言勾勒出乡人的清晰轮廓,他们的性格、脾气、喜好。沙地人很勤劳,起早贪黑地干活,不知道享受。比如，说沙地人勤劳、做事风风火火，一个"急棍"仿佛就是一个勤劳朴实的沙地人在埋头苦干。"急棍"在上海话里原是厉害的意思，到沙地方言中意思又有了变化，更倾向于办事效率高，甚至到了后来，看一个人是否"急棍"都不用看做事情的结果，光打量其身形、眼神、神色，就能分辨出这个人是不是"急棍"的人。

家长里短的话必须经由土话方能表现得淋漓尽致。身为土生土长的萧山人，我初读之，感觉亲切，再读之，又觉得有趣且好玩。沙地方言里头酿造着很有意思的生活，随着时间流逝更加醇香。

首先关于吃，孔子说"食不厌精，脍不厌细"，自古以来，对于吃，中国人是很讲究的。沙地人把吃的、喝的统称为"吃"，只稍稍在语调上增加顿挫抑扬，就"吃"出了不同的味道。一个"吃"字，不仅吃出了人间味，更吃出了众生相，比如吃苦头、吃生活。由"吃"衍生了"倒灶"一词。在农业社会，每家每户都有一口灶头，灶头不仅仅是用来烹饪食物的，守护灶头的灶司菩萨还能保佑一家人的平安，而"倒灶"就意味着倒霉，无论是人还是事，一旦和"倒灶"挂钩就是极晦气的。

再讲到称呼，沙地人也自成一派。比如称呼小伙子、小男孩叫"小官人"，大男孩顶多加个"大"字，称之为"大小官人"；女孩子从小就叫大姑娘，小女孩叫"小大姑娘"，大女孩叫"大大姑娘"。官人也好，大姑娘也好，都代表了父母对子女寄予的厚望。

沙地方言还特别形象，如形容一群孩子，将量词替换成"潮"，瞬间有了画面感，像潮水一样漫卷过来、聚拢过来。

方言记录着一方土地上发生的一切，有好有坏，既有淳朴的一面，也有粗俗甚至鄙陋的一面，比如乡间俚语，作者并没有回避这些词语，而是将这些一一呈现，作为资料保存下来。这是对故乡的一种坦诚的解读，也许它就是作者想表达的故乡的各种腔调。

山中日月长

对美好生活方式的探寻,是值得每一个人坚持不懈的事情。

一群对山野怀着美好期待的人走进山林,住进一家家民宿,伴随着日月星辰,将他们各自的感触写进梦里。这只是序曲,等更多读者阅读一篇篇清新的文字之后,也一并走进隐藏在山林背后的民宿,那才是真正的开始……

《山野民宿:从山中来》《山野民宿:到山中去》(均为稻田读书主编,化学工业出版社,2020年6月第一版)这两本书,与其说是精品民宿主题的文化旅游类图文宣传册,毋宁说是内心旅行的散文集。书中将太湖源头、天目山林、大明山下的一家家民宿、一个个故事和有故事的人捧到读者面前。民宿不是一个产品,而是一种生活的态度。《左岸花栖》一文中说:"民宿不仅仅是建筑,更是大家在这个建筑里所能感受到的时间和空间。"民宿的建筑审美和自然山水浑然天成,住宿的意义被不断放大,吃饭、睡觉、瞎聊、闲逛,每一种放空于临安山水之间的行为,都再合理不过。

一位位作者通过亲身体验一家家各具特色的民宿,寻幽探微,将临安的一百多家散落在山野深处、崖间溪畔的民宿缀连起来,伴着盛开的花、葳蕤的草,展示了一次次动人的体验,为读者打开了心路的旅程。临安清冽的泉水、甘美的空气,可以让人放下烦恼和负累,获得身心的愉悦。

书中倡导的是都市人群新的生活方式和解压方式,因为寻找一家家民宿的过程本身就很美好。人们在寻访中察觉到不同的焦虑感,生活节奏带来的焦虑、更迭变化的焦虑、无根的焦虑,然后慢下来,学会欣赏身边的美好。比如,日本作家德富芦花观察落日,记录下太阳由衔山到全然沉入地表的时间,时间大约是三分钟(《珑潭山居》)。

缓解焦虑感要学会独处,学会慢下来,放空自我再背起行囊出发。正如美国作家华莱士·斯泰格纳认为的那样:人应该到大自然中去"施行精神洗礼"。动物、植物、景物都能与人的心灵共通。序言提到塔可夫斯基在《时光中的时光》中的一句话:"一个人必须独处,贴近自然,贴近动物和植物,与之相触相通。"到天目留岩,听岩石的呼吸;去水晶坞,像大树一样生活;在坡心橼舍,感受陌上花开缓缓归;于珑潭山居,闻一闻清新的空气。

临安民宿融合了自然和传统的古典美感。比如,民宿鱼乐山房,取自《庄子·秋水》的"濠梁之辩",既显示了悠闲自在、无拘无束的从容之乐,又暗含了北宋大画家郭熙画论《林泉高致·山水训》的意旨:"世之笃论,谓山水有可行者,有可望者,有可游者,有可居者。画凡至此,皆入妙品。"达生、北海、天运、缮性、齐物、养生、至乐、无涯、逍遥、秋水、山木、濠上、梦蝶、白驹、扶摇,《庄子》中的十五个词对应鱼乐山房中设计的十五间客房,让你看到乐山的十五种风光。鱼乐山房将中国传统文化的虚静和厚重融入客房的设计,与山水的"可行、可望、可游、可居"的自然美学结合。

有的民宿可寻觅一份禅意,比如知了、上客堂、天目·厚宿;或者品一份诗意,比如柘林小住、月亮工坊;或者只为了酒足饭饱,饮闲发呆;更有人,只想活成一棵树、一朵云、一座山的模样。

民宿吸引人的除了自然景观和传统文化,还有民宿主人的热情健谈,他们让民宿有了温度和寄托,如远方的朋友期待与你的每一次重逢。有些人是当地人,从农家乐转型到民宿,有些人经过历练终于找到了自己喜欢的事情,留在临安开启了民宿事业。形形色色、意趣各异的民宿,依山、临水、望湖、对云,对于民宿的主人来说,并非偶得那么简单,它是无数个日夜、无数心血凝聚的结果。

《质感空间》中的老丁就是当地人,2017年,老丁将自家的房子捯饬成民宿。入夜时分,他招呼着远方的客人,大家围坐在石桌边,喝茶、看景、侃大山,听老丁介绍青山湖的四时变化,南来北往的客人漫无边际地谈天说地,没有身份也没有标签,每个人都成了融入夜色中的一种景色。旅行的意义就是让你认识新的地方,开始新的人生,体验新的感觉。

《云栖枫林》中的云妍,纤瘦、秀丽,穿着朴素,深色T恤塞在条纹长裤里,随随便便地扎着马尾,大眼睛扑闪扑闪的。她安安静静地将小院子布置得像花园,迎接着远方的客人;她剪纸、雕刻,通过指尖将最温柔的时光做成礼物,当作送给客人的伴手礼;她细致贴心地为客人磨豆子、冲奶泡,与客人轻轻地交谈着四季之中最美的季节。

我第一次看到这套书是在月亮玖号民宿,这家民宿的主人特别健谈,他很有想法,对乡村旅游很看好,边给客人们倒着茶水,边说着如何将月亮玖号的名气再提高些。一家民宿一旦有了品牌,就会逐渐成自己的IP,随之而来的是有辨识度的相关衍生品的诞生。这或许是很多临安民宿主人心中的想法吧。

　　什么是美好的生活方式,在不同的时期有着不一样的表达。序的结尾说,对美好生活方式的探寻,是值得每一个人坚持不懈的事情。书在茶桌上静静放着,一壶茶、一页纸、一米阳光,一旦翻阅起来,时间在山中顷刻变得悠长。

从节诞看澳门庙宇文化

　　读者可以从节诞的口述史中触摸到它发达的根系，而这正是我们千百年来民族同根同源的情感基础。

　　"节诞"是对各类节庆和贺诞的统称。每年澳门都会在不同时段进行各类节庆和贺诞活动，这些活动大都已传承了近百年甚至几百年。时光匆匆，一代人又一代人，几百年传承下来的节庆和贺诞活动依然热闹非凡，经过时间的洗礼，并未褪去它原本的光华。许许多多节诞承载了当地的风俗习惯、人情世故、敬畏信仰，有的甚至被认定为国家级非物质文化遗产。通过《百年节诞：澳门庙宇文化口述历史》(林发钦主编，广西师范大学出版社，2020年10月第一版)这本书，读者可以触摸到一个更加温情、有人情味和年代感的澳门。

　　这本书采用口述历史的形式，内容详细全面。口述史现在越来越受重视，它成为保存"公众记忆"的历史记录方式。口述历史,既可补充澳门现代史文字资料的不足,也可从民间的角度丰富历史。编者团队走进澳门街头巷尾,寻觅见证过往的人和事物。一位位年逾古稀的老人的口述,经过筛选、整理、撰稿及研究、校对,最终使得一个鲜活、沧桑而富有生命力的别样澳门得以在读者眼前呈现。

澳门庙宇众多,每逢佛祖、俗神等诞辰会变得非常热闹,这些热闹的活动传达着保佑风调雨顺、人丁兴旺、人神共乐的美好希望。民俗是最朴素也最热闹的集体表达,在访谈过程中,为了让读者更加直观地感受当地文化,更具情景感,编者团队拍摄庙宇现状,搜集早期影像,尽可能还原本真面貌,通过文字、照片中的点滴让不了解澳门庙宇文化的人也能留下深刻的印象。

书中采用第三人称的写法,以更加理性的视角介入澳门的集体回忆,观察民俗活动的延续、流变、发展。民俗活动其实都在流变,有的是民间自发改变,有的是外力强行介入,比如书中说到澳门的土地神信仰和一年一度的土地诞:"以往的贺诞活动不单有神功戏,还有抢花炮和还炮活动,但葡澳政府以影响公众安全为由,在20世纪五六十年代已取消此活动。"现在,很多澳门庙宇贺诞活动已经难觅踪迹,只有文字还记录着当时的热闹景象,这些记录就显得尤其珍贵。

澳门的节诞,和澳门特殊的地理位置密不可分:一处位于中国南方边陲的三面临海的弹丸之地。澳门从开埠初期的小渔村逐渐演变成 19 世纪商贸频繁的海港城市。海赋予了城市活力、生命,但它的喜怒无常让岛上的居民恐惧。所以,澳门的很多习俗源于水神崇拜,其中北帝是当地人敬拜较多的水神之一,天后则是渔业的守护神。许多澳门人通过民俗活动虔诚地向上天祈求平安顺遂。

节诞的意义不光在于酬神、祈愿、娱乐居民,还有重要的社会历史价值和文化价值。比如,土地诞,通过对土地神的崇拜,通过对社群内人际关系的维系,加强了人的归属感和凝聚力。包公诞,即便其庆祝活动已经不再进行,但包公的廉政之风依然深植在人们心中。有一些优良的传统风俗延续至今,比如,已成为澳门贺诞活动特色之一的敬老联欢晚宴。民间以传统食品进行庆祝,流传下来诸多传统食品,像浴佛节的栾樨饼,入口甘中带苦,寓意人经历苦难,才会大彻大悟,读者读到此处画面感扑面而来,仿佛尝到了栾樨饼的甜,品到了人生的苦涩。

现在,很多贺诞活动都已经消失,难再一窥其真容,但神功戏依然保存至今。土地诞、北帝诞等民俗活动通常会和传统戏剧、传统音乐、曲艺等融合。在神功戏中,经常以粤剧、八音锣鼓、唱戏文为表演形式，也有木头公仔戏等。

民俗通常和民间传说紧密相连，现在的观众对于神诞的理解和原来已经大相径庭，逐渐弱化了宗教原始的意义。随着社会的发展，这些节庆和贺诞活动已经逐步演变为一种参与性强的文化活动。例如，澳门鱼行拥有百年历史，其节庆活动显示了中华民族重品尚和、自强不息、博爱大众的优良传统，至今有着强大的生命力。2011年6月，"鱼行醉龙节"被列为第三批国家级非物质文化遗产扩展项目。

书中描述的澳门节诞中的礼仪、风俗等，古色古香、原汁原味，具备民间文化的"标本"意义。通过文字的流转，澳门节诞的意蕴被传递到读者内心深处，也不断传播着澳门文化，并深化着两地的交流。读者可以从节诞的口述史中触摸到它发达的根系，而这正是我们千百年来民族同根同源的情感基础。

山水行吟

对于美好,我们知之甚少。

"心之所向,素履以往",说的是若心里有想去的地方,就算穿着简单的草鞋也要前往,有这样的心才能感知到四时光阴、草木滋味,才能和月光溪水、晚霞落叶、鸟鸣虫吟、蔬食美酒相遇,以宁静的心境探寻万物的诗情与诗性,启发读者共同发现寻常事物背后隐藏的美好。

《素履以往》(周华诚著,广西师范大学出版社,2020年8月第一版)是作者近年来行走开化县的散文集。全书共分为四个部分:"月光溪水,晚霞花朵""鱼的生活方式""林中的秘密生活""只向美好的事物低头"。每个部分都将读者带入容易忽略的美好秘境。

我总是觉得周华诚是一个善于变魔术的人,在他不徐不疾的描述下,在他流水般明澈的文字的引领下,一刹那,你就能完全进入他塑造的桃源梦境,在这里,寻常的事物有了灵性,普通的时光开始温柔。一片鱼鳞瓦下覆盖的是一个遮风挡雨的家,是一纸水墨江南,是一抹黛色的东方乡愁。这令人不禁会问,我们见到的和他见到的是同样的东西吗?一片极其普通的瓦片包容了如此之多的意蕴,再寻常的东西在周华诚的笔下一样可以那么美好。

对作者来说,生活中的偶遇是一份馈赠,对生命的馈赠,对诗意的馈赠,它们与原先的想象有些许出入。有人会因为原计划被打破而心生懊恼,但周华诚选择悦纳突然的闯入,并在它们来临时,总是感到欣欣然,甚至敏锐地觉察到改变的美好。比如在《一场雨突然而至》一文中,他写"室外用餐的两三桌客人一下子都跑走了,躲进了屋檐下。我们却有些贪恋这雨的酣畅";再比如《看花》一文中,"在山径上漫步,越走越慢,把自己从人群里丢下,遗落在茶山上"。及时躲在檐下避雨比较幸运,还是在雨中吃酒听泉比较幸运,外人不得而知。很多人对未知突然的造访感到不安甚至焦虑,避之不及,但于周华诚来说,这是一种刚刚好的奢侈,瞬间迸发,令人沉醉。他要传递给读者的恰恰是该怎么对待随时变化的生活,按照既定的轨迹前行忘记停下来时,也许转过身就别有一番风景。书的封面上写着"对于美好,我们知之甚少",正如作者在进入各种突发的场景时坦然地接纳并享受，当以这样的态度悦纳不完美的际遇时，往往可以发现美好。封底上则赫然写着："有些事物的美好，本来就在那里，我们却不知，如果要感知，需要很好的机缘。"虽然常人能够感知和触碰的美好如此有限，但美之无垠、爱之永恒却一直是周华诚笃信的，生命中的每一次机缘都无比珍贵。

周华诚眼中的自然山水是缓慢、诗意、美好的，总有一些意想不到的事情在发生。这与他的家乡衢州有着密切的联系，在他离开熟悉而宁静的土地，奔赴繁华的城市的时候，那种在心头的思念便开始萌芽蔓延，而他的文字无时无刻不在体现着这种思念。所以，当他一次次来到山野，他内心的很多角落就被唤醒了。这种唤醒不仅仅是乡愁意义上的，更有对隐秘内心的解读，对生命意识的思考。纤细的情感和幽深的美好被这种唤醒不断牵引出来，山野中的鸟兽虫鱼都在吸引着他，显示出质朴和温柔。关于大自然，古人似乎比我们看得更通透，才有"山可镇俗，水可涤妄"之说。著名山水诗人谢灵运也在诗中说："山水含清辉，清辉能娱人。"这些说的都是山水自然有净化心灵之功效，而且这种功效是潜移默化的。周华诚在古田山想象着被遗忘在山中数月的感觉，在《汲古》一文中，他就说："人越往茶山深处去，心越是安宁，越是欢喜。"在石头铺就的山道上行进,本身就是一番修行,看天高云低,享山林清静,闻鹧鸪声声,胸腔充盈着纯净的山野之气。这何尝不是久居樊笼的现代都市人向往的安宁呢,人与古树、房舍、远山的关系亲近而紧密。

《素履以往》中还提到"鱼的生活方式",实际上是倡导像鱼一样的生活。对于饮茶,《蕉川寻茶指南》《吃茶记》对茶的香气、茶叶本身都有所解释,显示出品茶的惬意之处。"吃"的内容则更加丰富,举个例子:开化气糕,"蒸笼上铺一层纱布,舀上两三勺发酵后的米浆,摊平,施以虾仁、猪肉、豆腐干丝、辣椒等馅料,大火蒸炊十几分钟即可。趁热吃,极好。"写的人极尽文字之功,看的人估计早耐不住流口水了吧。关于"吃",作者有自己独特的想法,同样是做鱼,在山野之中吃和回家吃全然不同,家中没有大柴灶,也没有山泉水,更没有停栖在山腰的云雾和潺潺流淌的溪水。青蛳、小杂鱼、豆腐、土鸡煲,山里的寻常之物,明明看起来是一样的材料,但在乡下人家那里吃到的就是不一样,这可能就是饮食的魅力——意境远在食材之上。书中向读者介绍的吃的喝的,并非昂贵的东西,食之却有一番讲究。老余炖的汤瓶鸡,小城的奢华粉干,在作者看来,唯有吃才能体现一个人最大的诚意。无须寒暄客套,没有繁文缛节,只需一点:吃。土烧汪刺鱼、开化气糕、马金豆腐干、土烧开化芋艿、腊肉炒莴笋干、音坑手工肉圆，作者全神贯注于"吃"，在文中用笔墨勾勒描绘出吃的意趣，神韵自致，悠然自得。这种心无挂碍的抵达又何尝不是生活的最高境界呢。

除此之外，《寻纸记》不只写到开化纸的工艺，更讲述了每一页纸背后的意义。在《菖蒲记》当中，细小的菖蒲和人的静气彼此呼应。这一切的一切，显示出不循章法才是最高的章法。

人间烟火气

人间烟火气,最是美食得人心。

美食一旦遇见文字,总会迸发出火花,顶有名的像林洪的《山家清供》、袁枚的《随园食单》、李渔的《闲情偶寄》等,每每读之,兴趣盎然。擅长写江南风味的美食家汪曾祺先生,用闲适自由的语言介绍家乡的咸鸭蛋,黄澄澄、油汪汪的高邮咸鸭蛋至今令我印象深刻。文字的魅力让读者能够游刃有余地进行想象,调动口眼手心,品尝人间至味。

《人间滋味,温暖可期》(华中科技大学出版社,2020年9月第一版),是李敬白笔下的饮食散文集,作者既跟随着前人的步伐,又代入独特的个人体验,不断挖掘生活的独特味道。

人间烟火气,最是美食得人心。饮食的美味总是令人欲罢不能。能够欣赏这种平凡的美味,是幸福的也是快乐的。这本书是维扬一带江南风味的美食指南,写食者李敬白游走在街头巷尾,将早茶、小食、蔬果、河鲜、腊味娓娓道来。他用"赶早有福""市井温度""蔬赢舌尖""优哉游哉""正儿八经"五个章节向读者介绍了扬州、泰州、兴化、高邮、东台等维扬一带的特色饮食。"赶早有福"中的早餐丰富,令人回味。"优哉游哉"篇章中介绍了各色河鲜,只要食材新鲜,最简单的烧法就能鲜到掉下眉毛。作者所谓的"正儿八经"篇章中的菜看上去并非那么正儿八经,什么糟腐乳、榨菜头、菜泡饭、臭帮子、腌笃鲜,看似不起眼的调剂品,细细品咂之下,绝对是正儿八经的生活滋味。

热腾腾出炉的包子、烧卖、蒸饺、油糕……叫醒了清晨的小城,也叫醒了南来北往的食客。光包子一项就种类繁多:"猪肉丁、鸡肉丁、竹笋丁,绝妙组合诱惑着食欲空前高涨",说的便是传说中"滋养而不过补,美味而不过鲜,油香而不过腻,松脆而不过硬,细嫩而不过软"的改良版三丁大包;"肉糜和笋丁水乳交融,容纳在面皮的小居室里,味道深藏闺阁",说的是笋肉包子;"燥湿恰到好处;细细地咬嚼,可以嚼出一点橄榄般的回味来",说的是具有乡土味的干菜包子;另外,还有秧草包子、加蟹包子、洗沙包子等。普通如斯的包子因为包进了形形色色的馅料,便有了新花样。食客们吃包子还急不来,特别是内含汤汁的,更得小心用嘴巴啜;可是吃包子又得趁热,如果出笼搁那儿摆冷了,香气逃逸,味道便大不如前。对于美味的门道拿捏需要日积月累慢慢掌握,这是一门生活的艺术,更是一种艺术的生活。

美食类书籍,触动心弦的不只是菜品的色香,还在于它特有的市井温度,甚至情怀。清晨,人们到茶馆随意一坐,吃上几口可口的点心,天南地北地聊起来,吃的仿佛不仅仅是早点,还有从口福中品出的一天的好日子。又或者,在街头随便支起一口铁锅,锅上架一个铁丝架,锅内注满菜籽油,调好面糊,刨好萝卜丝,搭配好馅料,准备好筷子,用一个个喷香的油端子,迎接放学后的儿童,以及午后泡好澡堂子的老人。寒冷的冬日,行色匆匆的行人眼里,远处炕山芋炉子冒出的若有若无的一丝烟雾,让这个萧索的街头有了让人感到温暖的理由。一笔笔白描般素然,早已让生活的鲜活、市井的悦然一览无余。

一个热爱并懂得生活的人方知美食的风雅。在作者的眼中,美味是有着自己的性格、脾气的,与其说是饱腹之物,毋宁说是天地间精灵一般的存在。你看,晚夏早秋的季节,沾染了绿水的毛豆居然能在田埂渠头低声吟唱;夏日里遇到的苋菜充满了个性,伴着刚烈的阳光,奉献纯真的味道,甚至近观之下,苋菜似多愁善感的美人般楚楚动人。

平淡有味的语言,随着饮食的清淡或浓郁将李敬白的人生感悟、生活态度和独特的个体体验一一呈现眼前。

他觉得对食物的感恩,是庸常生活里最美好的亮色。饮食的美味程度,有时是由饥饿程度决定的,特别是对于经历过饥荒的人们,饥肠辘辘状态下品尝到的饮食,构成了人生深刻有味的回忆。作者回忆起他的父亲在幼年时期每天都吃不饱,很多人都患有营养不良的"青紫病",一头病死的小猪被居委会工作人员做成了锅贴,结果买的人排成了长龙,父亲说那是他吃过的最好吃的锅贴……作者印象中的一碗浓浓的鲫鱼汤,联结的是祖母用煤炭炉子慢火细炖的一次次尝试,是天一亮就拄着拐杖、挎着提篮、踮着小脚走向远方的身影。

在《难以逢鲥》一文中,作者先讲了文人用散逸而有味的行书写就了文人和鲥鱼的关系,又谈如何用最得当的方法保留鲥鱼的鲜味,并说现在的鲥鱼都是人工养殖,我们离江中的鲥鱼越来越远,最后追问"我们失去的又何止是鲥鱼?"一种淡淡的落寞由此涌上心头。

一口美食,遥远的乡味蕴藉。即便最平民化的莴苣,在敏锐的诗人眼中,也别具一格,寄寓了深情。戴望舒先生写小病的人感到了莴苣的脆嫩,遂有了对家乡小园的神往。异乡人品尝到熟悉的味道,即便离乡经年,依然可以勾起对最初故土风味的回忆。

饮食,包裹着一个地域与众不同的节令、风俗、故事、情感等人文记忆,通过最原始的方式被一代又一代地传递……

古意編

"清谈"随谈

遥想一下，一众随性放诞的风流雅士在席间手执麈尾，饮酒对酌，激烈辩驳，丝毫不给对方留下什么情面，是怎样一番叱咤风云的景象。

《世说新语》(刘义庆著，上海古籍出版社，2013 年 8 月第一版)作为一本记录魏晋人物言谈的笔记体小说，是我闲时经常翻阅的一本有趣的书。每每读之，于人于事都有新的感触，不愧为魏晋名士风流的赞歌，或者说是引领当时潮流的思想风向标。

这里面，特别想说一说当时盛行的"清谈玄言"。对于"清谈"，各方的观点不一，一说清谈误国，认为它是不务正业、空谈哲理。当时，桓温、王羲之等清谈行家也将亡国归咎于清谈。比如，一日，王羲之和谢安登上冶城，王羲之论及此，便说道："虚谈废务，浮文妨要。"

一般认为清谈流行于魏晋南北朝时期，但陈寅恪认为清谈"启自郭泰,成于阮籍"。郭泰是东汉名士,与许劭并称"许郭",是"介休三贤"之一,擅长说辞、褒贬人物。《世说新语》亦载:"郭泰秀立高峙,澹然渊停。九州之士,悉憬憬宗仰,以为覆盖。""竹林七贤"之一的阮籍自不必赘述。

东汉时用征辟、察举等制度来选贤举能。清议是当时的一种选拔任用人才的方式,其重点是"经明修行",到东汉后期,士大夫阶层用清议来针砭时弊、褒贬舆论等,其实,从这个角度来说,清议是社会的喉舌对社会弊病以及官场黑暗进行评述的形式,由此形成良性的舆论监督,本是件好事。魏晋时期,随着政局的动荡,玄学盛行起来,清议针砭政治的功能逐渐被抽取出来,演变为更关注玄理和自然的清谈,这也是后来很多人对清谈持否定观点的主要原因。当时的士大夫的意见不一,在《世说新语·言语》一章中,面对王羲之的冶城感慨,谢安则回应"清谈误国论"未免过于夸张,并以"秦国任用商鞅,但仍避免不了传了二世就灭亡的祸患"来举证。不过,从某种角度来说,清谈依然保留着选拔任用人才的功能,很多能人学士仍期望通过这种方式被主流社会认可,实现政治抱负。

从政治层面来说,避重就轻的清谈无法对治国提出有效的见地和评述,不过它对哲学精进、思想流变、文化发展还是很有裨益的。

蒋凡在《世说新语研究》中说："魏晋清谈是一种新的思维方式，它冲击着传统儒家经学，是一次思想的解放。"

用道家之法阐释儒家哲学，尤以孔子为甚，他是风雨飘摇的黑暗时代里的一盏明灯，为了实现政治理想四处奔波。到了魏晋南北朝，政局不稳，衣冠南渡，一众文人士大夫空有一腔抱负。崇尚老庄的何晏被认为是清谈的重要人物，他喜欢邀请三五好友谈一些人生哲理和出世思想。另一重要人物王弼，虽然潜心研究老庄，但其某些看法与何晏有所不同。比如，他认为圣人还是有情感的。清谈的重点不是认同对方的观念和意见，而是独树一帜地说服对手甚至旁听的众人。别说对手，到了最后，自己与自己都可以对垒起来，如此，又何尝不是一种对艺术的热爱和致敬呢？

很多清谈家还是写文论的高手，嵇康、夏侯玄、王弼、何晏等人的玄学论文，在刘勰《文心雕龙》的第十八篇《论说》当中，是被褒美的，被其赞为"师心独见，锋颖精密"，可见刘勰对于析理严密、富有独见的玄学论文持正面的态度，与认为清谈是空谈不同，刘勰看中的则是其中的理论探索和辩论精神。

清谈强调人的自然美和社会美，进一步丰富了美学的范畴。在《世说新语》中,将清谈中的人物风流、逸闻趣事、舆论褒贬、针砭时弊等一一呈现,让人看到了不一样的人事风貌。

我的家乡萧山,也出过一位清谈人才——许询。

许询反复拒绝了朝廷的征辟后,策杖披裘,在西山凭栏筑室。他的归隐也许代表了当时南渡贵族官宦对时局缺乏信心的态度,也许并不是真的看破红尘。所以,他虽隐居在幽穴中,却常常引来各方王侯赠送礼物,和许由的"箕山之志"还是有区别的。试想,一个清谈领袖、玄理专家,如果像西湖的林和靖一样隐居孤山,梅妻鹤子,真是要憋死他呀。

说憋死那确实一点都不为过,爱清谈的人既学识渊博,又得理不饶人,非得分出个子丑寅卯方罢。许询和王羲之是好友,也经常和谢安、支道林等一起游宴、吟咏,在清谈方面他确实名声在外。当时,同样擅长清谈的刘惔在许询进京时特意为他备了书斋,还夸他"才情过于所闻"。甚至连一国之君晋简文帝也把许询当成兄弟相待,清风明月把酒言欢,一个清新婉转,一个赏识有加。这些都说明许询的才华卓越,也说明魏晋时期清谈之风在士人阶层乃至皇族中盛行。

不过,许询虽身居山乡,心却一直在文化圈盘桓。年少时，别人把他和王修相提并论，许询一直不服气，一次，许多名流和支道林在会稽西寺宣讲，许询就匆匆赶过去理论，定要一决胜负，不仅用自己的义理让对方受挫，还反过来用对方的义理驳倒对手。支道林看在眼里，说："你辩论好是好，但是为何要互相为难？这不是清谈恰到好处的所在啊。"从这一点来看，许询对于玄理的输赢颇为在乎，要么是年轻气盛、气量欠缺，要么就是对名声甚为看重。

许询如此，其他清谈行家也是比较执着甚至执拗的。孙安国到殷浩处谈论，席间上的菜冷了又热，热了又冷，手中麈尾乱挥，杂毛都进了菜里，从天亮到天黑，还不罢休。风度在此时荡然无存，唯有分出胜负方是最大满足。

清谈是独特的聚会形式，往往和游宴并列，众人边喝酒吃菜边高谈阔论。宴请宾朋分主人宾客，有人组局有人赴宴，清谈亦是如此，一般分主宾，"谈主"先阐述自己意见，称为"通"，宾客加以辩论，称为"难"。

政治黑暗、局势不稳让士大夫将清谈的重心放到了玄学，可是政治对学术氛围的影响依旧存在。在《世说新语·言语》中，有一天，南渡过江的士大夫相邀去新亭，坐在草地宴饮，武城侯周觊叹息说："这里的风景和中原有什么不同？只是山河不一样了。"大家都相顾流泪，只有王丞相面色变差，告诉大家要齐心协力报效朝廷，不能像囚犯一样相对流泪。

遥想一下，一众随性放诞的风流雅士在席间手执麈尾，饮酒对酌，激烈辩驳，丝毫不给对方留下什么情面，是怎样一番叱咤风云的景象。更有甚者，干脆将谈论地点设在帐中，肆意地高谈阔论。清谈的场面既不乏雅士，也不缺狂人，比如"竹林七贤"之一的刘伶，到了嗜酒如命的地步，《世说新语·任诞》记载："刘伶恒纵酒放达。"《晋书·刘伶传》载刘伶："常乘鹿车，携一壶酒，使人荷锸而随之，谓曰：'死便埋我。'"

放开清谈的功能性不说，清谈的有趣之处就在于那些争得面红耳赤的狂狷名士，他们让那段黑暗的历史有了不同的声音，让那段时间变得更加鲜活丰满。今天的我们知道：不仅要谈，还要谈出脚下的路该通向何方。

不如乘风归隐

隐士隐居的初衷也许是为了置身事外,但没有哪一个隐士能完全出世,所谓"大隐隐于朝,中隐隐于市,小隐隐于野",真正的隐士能自由出世入世,放空欲望野心,于社会却仍能铁肩担道义!

从古至今,中国社会一直不缺隐士。隐士文化由来已久,最早的隐士可以追溯到尧舜时期的巢父、许由、王倪、善卷等人。商朝末年,出现过三位重量级的大隐士:姜太公、伯夷和叔齐。中国隐士是一个风雅且神秘的群体,隐士文化吸引着越来越多的人。

韩兆琦的著作《中国古代的隐士》(商务印书馆,2015年9月第一版)针对隐士这一独特的文化现象,将中国历代隐士作为一个整体进行研究。全书从隐士的由来、隐士隐居的原因、隐士的面貌、隐士与现实政治的关系、隐士的物质生活和精神生活、隐士的家庭及社会关系、隐士与诗歌及艺术等十四个方面入手,深入全面、较为系统地揭示了隐士这一特殊的文化符号产生的历史文化根源,并审视它在历史文化方面的影响。

隐士又称"幽人""逸士""逸民""高士",在《后汉书》《晋书》《唐书》《宋史》《明史》等史书中都有《隐逸传》,光从这个名字就能看出所记录的人物的特性。

《中国古代的隐士》认为隐士与官僚具有同样悠久的历史。将两者放置在一起进行类比,奠定了这本书论述的整体基调。两者与中国传统主流社会密不可分,虽然面貌不一样,但在封建社会里是彼此依存,又互为矛盾的孪生兄弟。他们是被统治者用来统治国家和百姓的两种政治势力。

隐士隐居为哪般?为名,为利,为信仰,为学问……有因政治黑暗、世道混乱而避祸者,有因官场坎坷而心灰意懒的退出者,有不慕荣利、寄情山水的逍遥者,有静待时机、待价而沽的暂隐者,更不乏正面求官不得改走终南捷径的投机者。作者综合史料,从多角度分析了隐士之所以"隐"的社会成因和个人内在原因。

通过对隐士各自归隐缘由的探求,作者将他们的面貌进行了归纳和分类,分为节士型、道德型、学者型、和尚道士型、才士型、懒散放诞型、才略型,以具象的人与事佐证隐士和现实政治社会的关系。隐士的面目、类型众多，在所处时代总是和当局有着千丝万缕的联系，出于种种原因而采取一种脱离现实政治的不合作态度。根据反抗的程度不同，不合作的程度也有所区别：像春秋时期讽刺孔子的长沮、桀溺，不仕于王莽的向子平，誓死不为清朝服务的傅山等，属于思想激进、言行放诞、不食嗟来之食的类型。相形之下，陶渊明、郭翻等隐士的态度则随和圆通些。此类隐士对当权者的不合作态度比较积极。另一类隐士出于对国家前途的忧思，深感回天无力，而采取一种"明哲保身"的态度，此风魏晋尤甚。人在官场，心在事外的隐士称"中隐"，唐朝以"中隐"闻名的是白居易。

有不合作的隐士，自然就有为政治服务的隐士。这些人密切地关注着朝廷的动态，为朝廷出谋划策，充当在野派的角色，或置身官场外，却在培育输送人才。隐士对政治的依附、对立的态度，或者说不同时期的政治与隐士的关系，都值得好好揣摩玩味。

作者在剖析隐士成因的同时，也对隐士的物质生活进行了一些研究。有的隐士清贫，有的隐士富足，所以他们的衣食住行情况不尽相同。就居住环境一项，有穷居野处，环境恶劣的；有居住环境清幽，衣食无忧的；还有条件更好，所住之处依傍着名山胜水的。这些都根据隐士的实际情况而有所不同。

隐士文化更多地关注社会美、人文美，扩大了审美的范围，丰富了审美的内涵。隐士们游历山水，处理自身与朝廷、社会、家庭的关系，围绕"隐"的意蕴，将诗、学术、艺术、茶、酒、养生等一一呈现。隐士不再是一个简单的身份符号，而是一个个有血有肉的人。他们不仅为当时的社会贡献自己，也为后世提供了重要的研究资料，进一步解读隐士与中国传统文化的内在关联，就不免谈及儒释道三家合流，以及不同类型的隐士之间的差异等内容。

综观全书，虽薄薄一本，却干货众多；文字亦庄亦谐，可当茶余饭后的闲书，也可作窥视隐士文化面貌的一本通识读物；既有学术的严谨，又兼顾读者的阅读趣味。对于想了解一番隐士文化的读者来说，本书内容浅显易懂，行文流畅，事例翔实有趣，不失为上佳之选。

美中不足的是，全书十四个方面的框架结构不够妥当。比如"隐士为何而隐"中涉及政治因素、名利性格、才学功名等几个方面，与后面章节"隐士面貌的形形色色""隐士与现实政治的关系"在内容和方向上有重叠。"隐士的衣食情景"与"隐士的居处环境"相互依存，涉及内容也有雷同，不妨合并。将"隐士与诗"作为单独篇章未尝不可，但与"隐士与学术及艺术"一章合并更为妥当。

另外,书中大量史料的重复、内容的重复,也会令读者产生一定的审美疲劳。开头的章节中作者评论较多,后面章节评论逐渐弱化,重叙述、少评说会让读者有独立思考的空间,但也缺少了深度的学术引导,有浅尝辄止之憾。

写隐士的人自己多少有类似情怀,才对隐士以及这种现象抱有持续的热情,就如作者一般。隐士隐居的初衷也许是为了置身事外,但没有哪一个隐士能完全出世,所谓"大隐隐于朝,中隐隐于市,小隐隐于野",真正的隐士能自由出世入世,放空欲望野心,于社会却仍能铁肩担道义!

唯有美食抚人心

古人为今人呈现了饮食文化的雅致和格调，今人品尝美食，感受的不单单是舌尖上的跳跃，更是从单纯口腹之欲的享受延续到精神层面的感受，赋予了美食更多内涵。

人生在世，离不开"吃喝"二字，说得再雅致点就是"饮食文化"。

中国人花在饮食上的功夫绝对不亚于诗词歌赋。舌尖于东西南北游走，可尝的不只有鲁菜、川菜、粤菜等八大菜系。从两宋到明清时期，我国的烹饪理论渐趋成熟，有人将烹饪的技法、理论、菜式等综合起来。

《山家清供》(中华书局，2013 年 10 月第一版)是宋人林洪的作品，《随园食单》(中华书局，2015 年 5 月第一版)是清人袁枚的作品。两者一度被奉为当时饮食界的圭臬，而两者追求的饮食美学风格却大不相同，可以说各有风流。《山家清供》从名字来看指的是山野人家招待客人的清淡菜蔬，无论是食材还是做法，以质朴、简单的风格为主，按现在的话来说是极简主义风。虽然写的多是些清淡菜蔬，但语言风雅写意，即便是些寻常的家常菜，名字也十分优雅，比如锦带羹、持螯供、傍林鲜、广寒糕，光看这些流淌着诗意的名字，就让人忍不住遐想起来。

相较之下，袁枚的饮食美学就显得得更加奢华，他毫不掩饰自己的口腹之欲，下里巴人、阳春白雪照单全收。经常出入上流社会的经历，使得袁枚能够接触寻常人看不到也尝不到的山珍海味，从而写出了一种极致的饮食体验。

这种极致也体现在袁枚对饮食的完美主义追求上。日本有一位"米饭仙人"，以敬畏之心做米饭，很多人排队就是为了吃到他做的米饭，食物因为人而有了不一样的意义。袁枚也是如此，他不仅将锅碗瓢盆安置在不同的地方，对于饮食的卫生和火候也相当注意。在他看来，做菜绝对是一门艺术，要精雕细琢。相形之下，林洪就有些闲云野鹤的味道，管他卫生与否，只要兴致来了，随便在溪流清处取些或许还带着苔藓的小石子，打些泉水煮了，称之为石子羹。虽然难说林洪能从这碗羹里品出什么美味来，但是有幽雅的意境便足够了。

中国传统饮食种类丰富，名目繁多。《山家清供》中就收录了一百多种宋代的食物，涉及菜、羹、汤、饭、饼、面、粥、糕、点心等，并介绍了这些食物的原料、制作过程及风味。《随园食单》的内容包罗万象，饮食原料中家禽野味、飞鸟鱼类、谷物蔬菜一应俱全，囊括了大到海鲜单、江鲜单、杂牲单、羽族单等，小到小菜单、点心单、饭粥单、茶酒单等十四个部分，详细论述了中国流行的三百多种菜式，涉及焖、煎、焗、炒、蒸、炸、炖、煮、腌、酱、卤、醉等多种做法，让人不得不感叹中国饮食文化的博大精深。为了了解多菜品的做法，袁枚"每食于某氏而饱，必使家厨往彼灶觚，执弟子之礼"，他让家厨学习各种美食的做法，自己也在四十年里广泛搜集各家的烹饪技法。

《山家清供》中写到的诸多美食中，笔者对"蜜渍梅花"印象颇深："剥白梅肉少许，浸雪水，以梅花酝酿之。露一宿，取出，蜜渍之。可荐酒。"古人喜雪水烹茶，特别是风雅文人。《茶经》上讲究茶的取水："山水上，江水中，井水下。"《红楼梦》写到妙玉用"无根之水"，取梅花上的雪水煮茶待客。这个蜜渍梅花，论风雅一点也不逊色于雪水煮茶。

《山家清供》非常看重食物的食疗作用，不啻为一本具有养生价值的书籍。林洪引用了不少药书。比如，对于茶,他就说:"茶,即药也。"又比如椿根馄饨,对腰痛者有好处。字里行间可见林洪对很多医书的内容吃得很透,对食材之间的相生相克情况了然于心,美食已经有了几分药膳的色彩。说到药膳,另一部元代的《饮膳正要》更是集大成者,它是元代延祐年间饮膳太医忽思慧所著。《饮膳正要》主要是为朝廷服务的,所以它更注意饮食的医疗作用。该书把补益身体、防治疾病的简便易行的食疗方剂搜集在一起,堪称我国第一部营养学专著。

饮食不单单在于满足口腹,更逐渐演变为一种美好的体验。它和诗文、生活情趣密不可分。《山家清供》在饮食中谈及不少诗词曲赋,并附之评论。一百多种食谱提及六十多种诗词典故。《随园食单》也引用了《周礼》《礼记》等诸多典籍。袁枚将烹饪的方法与谚语、典籍作类比,如此烹饪似乎更加风雅。

古语说:"美食不如美器。"美食和美器的有机融合,是中国饮食文化的一个重要特色。《红楼梦》第四十一回"栊翠庵茶品梅花雪 怡红院劫遇母蝗虫",便用了海棠花式雕漆填金云龙献寿的小茶盘。除了美器之外,包括菜品顺序、饮食卫生等,都是享受美食不可缺少的重要部分。

袁枚不仅把品鉴美食当作是享受,当作至高规格的一种仪式,还将其作为探求学问的途径。这是需要将理论知识和实践经验相结合的,"须知单"一章的内容就是一例。要做出美味佳肴,要选择优质的原料,要根据菜肴的生熟、荤素、浓淡、清浊等选择调味料,需要注意的还有原料的清洗、搭配、调剂、火候等。

古人为今人呈现了饮食文化的雅致和格调,今人品尝美食,感受的不单单是舌尖上的跳跃,更是从单纯的口腹之欲的享受延续到精神层面的感受,赋予了美食更多内涵。

围炉话经典

　　能从书中感悟世事凉薄,感受内心的冲突,选择适合自己的处世之道,正是《围炉夜话》带给人的温暖。

　　古代有很多教人入世处世的人生智慧书,《围炉夜话》便是其中之一。《围炉夜话》是清代王永彬写的儒家通俗读物,主要从当时和之前所处的时代出发评议人、事、掌故、文章等。《围炉夜话》(中华书局,2018 年 9 月第一版)和陈继儒的《小窗幽记》、洪应明的《菜根谭》并称为"处世三大奇书"。《围炉夜话》重在立身处世,《小窗幽记》重在超脱,《菜根谭》重在哲理,三者各有所长。

　　王永彬,字宜山,人称宜山先生,他一生经历乾隆、嘉庆、道光、咸丰、同治五个时期,是中国无数传统文人之一。中国古代有很多像王永彬这样不慕荣华、生性纯良的传统文人,他们怀揣着江河万物,有着丰富的哲思。

　　中国历史悠久,各朝各代都在总结处世哲学,从圣贤经典、历史人物当中寻求例证,再以实际生活验证,把这类经验汇编成册。《围炉夜话》全书一共有二百二十一则,以安身立业为主要话题,并涉及道德、修身、读书、教育、忠孝、勤俭等方面。

作者在序言中写道:"寒夜围炉,田家妇子之乐也。"在中国传统文人看来,欢乐有很多种:明道之乐、物欲之乐、山水之乐、伦理之乐,田家妇子之乐即为伦理之乐。序言点明这本书的主旨方向是伦理教化、处世之道,这也是为什么直至今日这本书依然有那么多拥趸的原因。今时不同往日,书是基于当时社会的现状写就的,愿景是在儒家思想的基础上构建一个平和的社会。以现在的眼光来看,封建伦理教化有其政治性和局限性,书本身在处世哲学上充满了一种圆滑的生存智慧,不过在很多方面还是很有道理的。书中所写的格言从经验总结而来,尤其在为人处世等方面有值得借鉴的意义,故为后人推崇。

至于书的写作缘由,作者王永彬在开头以寥寥数语点明:"寒夜围炉,田家妇子之乐也。顾篝灯坐对,或默默然无一言,或嘻嘻然言非所宜言,皆无所谓乐,不将虚此良夜乎?"漫漫寒冷长夜,围坐炉旁本是农家人最喜做的事,但是如果仅仅是相顾无言或说些不着边际的话,实在是浪费时间,看在自己还有点文化,不妨做些更有意义的事，至少不虚度时光。这种说法难免有些自谦的意思。

《围炉夜话》采用笔记体的形式，自然随意，看似松散，实则又有整饬之美。书中所写之事、所述之理，通俗易懂，虽然内容过于冗杂且重复颇多，但都是作者认真思考后所得。经验性的话处处都有，虽然有说教的意味，但是讲述了为人处世之道，讲述了儒家秉承的诚实、守信、勤劳、谨慎的精神，与《中庸》中所述的"博学之，审问之，慎思之，明辨之，笃行之"精神一脉相承。

对于经典，我们虽不会全盘接受，但也不能因为拥有现代眼光就忽视了经典中的内涵和美感，要根据实际加以甄别，关键在于一个度。自然关系要受到礼法规范，本书强调的也是人在社会关系中的自然伦理。人要学会自洽，也要学会处理社会关系，正如我之前看到过的一句话："人就是在与伦理和社会的对抗中逐渐成长的。"人的内心渴望自由，同时需要融入社会，要遵循约定俗成的社会法则。人的社会关系有生存意义、功利意义、伦理意义，伦理意义能为社会的和谐稳定发挥作用。中国社会具有复杂的思想网络，这一思想网络由儒家、道家、佛家等思想综合形成。

哲学的思考，对如今依旧有重要参考意义。比如，第一百七十二则："钱能福人，亦能祸人。有钱者不可不知。"说的是对事物的分析要一分为二。再如,第一百三十六则:"把自己太看高了,便不能长进;把自己太看低了,便不能振兴。"这说的是一种事物间的平衡关系。第一百三十一则:"事当难处之时,只让退一步,便容易处矣;功到将成之候,若放松一着,便不能成矣。"这说的是部分对整体的影响。

《围炉夜话》虽重视读书为学,但对问题的剖析不够深入。书中关于读书的内容尤多,古代文人看中做人做学问,所以王永彬在书中也反复强调如何好好为人处世、如何好好做学问。如第五则,"处事要代人作想,读书须切己用功";第一百二十八则,教导富家子弟和贫家子弟,都要好好读书。教育是中国文化的中心,在我们的文化基因里镌刻着刻苦、勤奋等一切美好的品质。所以,在第一百三十二则中,作者又说:"无财非贫,无学乃为贫;无位非贱,无耻乃为贱。"财产和名誉地位在作者看来不过是过眼云烟,有学问、知廉耻才是真正珍贵的。世界在变,时代在变,但对学问的孜孜以求依旧不变。作为封建文人自然又难以摆脱当时整个社会政治制度对其思想的影响。但本书对问题的剖析解读不够深刻,比如"贫"和"俭"的关系、"拙"和"勤"的关系,它们都不是非此即彼的关系,而"贫无可奈惟求俭,拙亦何妨只要勤"的说法,忽略了事物内部千丝万缕的联系，包括作为主体的人的自由追求。

书中论及修身自省，又有偏狭之处。比如，第一则讲到"教子弟于幼时"，又讲到"检身心于平日"，要求在弟子们年幼时就对其进行教导，日后他们才会有坦荡正派的气概，自己也要时常进行反思。正确的教导是必需的，但是不能过于苛责，对孩子来说一个宽松的环境和严格的教育同样重要，既要尊重天性的释放，也要引导正确的方向。第七则，"人皆欲会说话，苏秦乃因会说而杀身"，作者的本意似乎是"言多必失"的意思，说得太多于己不是好事，于他人也未必是好事，当这种明哲保身的乡愿式的态度放在更宏阔的时代背景和历史场域之中，便经不起推敲，是对坚持立场、仗义执言的无数仁人志士的否定，他们明知言多会招致牢狱之灾乃至杀身之祸，仍坚持己见，是何等气节？

君子的迂腐之气和世俗的圆滑在书中也时有流露。比如，第一百三十三则："知过能改，便是圣人之徒；恶恶太严，终为君子之病。"疾恶如仇且不必吧，但也不用觉得对恶人过于严苛倒成了君子的过错，知过能改已是不易，再来个对恶人的宽容，这君子当得稍显迂腐。再比如，第八则："教小儿宜严，严气足以平躁气；待小人宜敬，敬心

闲书慢读

可以化邪心。"这与上一则有类似意思,认为要对小人好点,如果只是一般社交也就罢了,原则性的问题是不可姑息纵容的,如果君子以息事宁人的老好人处世,最后丧失的必然是原则立场。

最后,不得不说,王永彬反复言说的这些为人处世的技巧也好、方法也罢,暂且不论其内容是否机巧圆滑,在这个语言、行动都带着些"情非得已"的社会,既要坚守内心秩序,又要遵循外部规则,对谁来说都不是件容易的事。能从书中感悟世事薄凉,感受内心的冲突,选择适合自己的处世之道,正是《围炉夜话》带给人的温暖。

俯仰之间有乾坤

魏骥一生，不仅做人堂堂正正、光明磊落、清清白白，还勤政廉政，即便告老还乡，处江湖之远，依旧秉承一贯的做事风格，关心民间疾苦，耗尽了毕生的力量。

"杭州全书·湘湖(白马湖)丛书"中的《湘湖人物》(朱淼水著，浙江古籍出版社，2015年9月第一版)一书，记载了许多历史上与湘湖有关的人，有泛舟湘湖、采莼寄情者，有钟情湘湖、吟诗赋文者，更有护湖立碑、耄耋修水利者，每个人都是有分量的地方名人。望着眼前的一汪碧水，我想到了一个重要的人……

山抱湖水水环山，湘湖以"八千年古舟，三万顷碧波"而闻名，虽然没有"涵虚混太清"般一望无际的辽阔碧水，极目所到之处却也是一番湖山开阔的景致。溯及北宋还没有这番美景，当时萧山县城周边的田地易旱易涝、灾难不断。民岁苦旱，怨声载道，直至北宋政和二年(1112)，杨时赴萧山任县令,率百姓筑湖,始有湘湖。

杨时可谓湘湖的大功臣,时间流转到明成化年间,出现了另一位功不可没的人物,他当时的声名威望与杨时相当,死后被明宪宗批准德佩杨时,谥号"文靖",共享杨时德惠祠,他就是魏骥。

魏骥(1374?—1471),字仲房,号南斋,萧山人。明永乐三年(1405)中举,次年以进士副榜授松江儒学训导。官至吏部左侍郎、礼部左侍郎、南京吏部尚书,在朝四十五年。告老还乡已是残暮之年,他回顾多年治水经验,撰写了《水利事述》《水利切要》等,供后人参考。

魏骥历经永乐、洪熙、宣德、正统、景泰五朝,政务勤勉,为人清廉,受到了各朝皇帝的器重。他被永乐帝寄予厚望,封为太常博士(太常寺掌管祭祀之事的官员),参与纂修《永乐大典》。在古代,祭祀是非常被看重的,太常博士官虽不大,但是责任和意义重大。宣德至正统年间,京畿地区多次发生蝗灾,因为考虑到之前有些处理蝗灾的官员害民,明宣宗亲自作诗诫勉,并派勤政廉政的魏骥督办此事,可见对其非常信任。魏骥不负所托,十分体恤百姓,见到稻苗被毁,百姓离乡背井时,十分心痛,将灾区的灾情如实向朝廷汇报,获得了赈灾粮,安定了当时的局势。

魏骥还是一个十分有原则的人,他在担任礼部侍郎之时,有位进士因服丧未满,就请求考核功绩授官,当时其他的官员都同意了,唯有魏骥认为其心术不正没有同意。在魏骥为官生涯的后期,正是太监王振擅权之时,其他人都极尽谄媚之能事,只有他不低三下四,不阿谀奉承皇上面前的红人,车子遇到对方也不刻意避让,见面行礼也是普通礼数,这样反倒让王振拿他没有办法,反过来还称他为"先生"。朝廷内部的斗争往往并没有那么简单,说厌烦与宦官周旋也好,说不愿与奸佞共侍君主也罢,至景泰元年(1450),七十六岁的魏骥第三次提出告老回乡,明代宗才准许魏骥离任回乡。

江南多烟雨,比北方多了几分氤氲的缠绵,一叶扁舟徐徐前行,夜静停舟傍水湄,再不见烟村四五家。一位身着布袍的老者静坐在船舱内,并不理会舱外的喧哗和争执,只见一位年轻人正与盘查的官员理论,言语中多了懊恼,没有了前几次的彬彬有礼,因为像这类沿途关津阻拦盘查的情况已经不止一次发生了。盘查结束后,年轻人返至船内,近身和老者说道:"父亲,不妨将官仗立在船头,以示警告,也少些不必要的麻烦。"一旁闭目养神的老者微微睁开眼睛,浑浊之间透着练达和笃定,缓缓道:"那个标志就那么重要吗?"语气平稳却不容置喙,遂令其子去掉官仗继续赶路。这一路颠簸如离家经年的素人返乡,没有成堆的仆人左右簇拥,仅携家眷拖着装满随身衣物和各类书籍的箱箧,随一叶轻舟而下。

回到故乡的田园山水,魏骥并未如其他达官文人一样开始游山玩水、享受人生,依旧粗茶淡饭、节衣缩食,过着与普通乡人无异的生活,全然没有一品大官衣锦还乡后的架势。有一次钱塘主簿路过,见一老农未让道,便呵斥起来,未曾想此布衣竟然是大名鼎鼎的魏骥。当时钱塘主簿得知萧山魏骥乃堂堂尚书,顿时吓得仓皇下跪致歉。魏骥从未将"尚书"放在嘴边,每每入夜时分,曾经朝廷的尔虞我诈和得罪过的人都渐次在魏骥眼前掠过,当初他辞别了京城的一众同僚,也婉拒了明代宗的挽留,离开京畿是非之地,倒也并非坏事。很多人对他放着荣华富贵不享表示不理解,甚至连自己的学生陈遁也私下劝他:"公虽位冢宰,然未尝立朝。愿少待,事在循辈。"他自然拒绝了学生的这番好意,私下里叹息道:"渠以朝廷事为一己事,安得善终。"风尘仆仆一路如匆匆一生,时光疾驰催人老,恍惚间,几十年时光已过,当初初任松江儒学训导时深夜携带茶粥慰劳诸生之时,魏骥定不会想到后来官至一品,还能斡旋于复杂的官场仍葆有初心。如今功成身退,无愧于黎民百姓,无愧于自己。趁着歇脚的空隙,几十年转瞬即逝,此刻离乡愈近的魏骥更怀念家乡的山、家乡的湖、家乡的人，如果能在有生之年为乡邻做点事情，那自然是最好不过的事了。

魏骥曾任松江儒学训导，自然十分清楚教育的重要性，回到家乡后他带头尊师重教，每次见到当地教谕，他都恭敬有礼，在他的带动下，族人乡人都开始让子弟读书种田，家乡风气一天好过一天。

从杨时筑湖到魏骥还乡，已经历时三百三十八年之久，从前的挖土疏浚工程，随着河道、涵洞的堵塞，湖底淤泥的沉积，更有甚者圈湖设窑，所以湘湖的蓄水量远不如从前。再说有些圈湖者可不是寻常人，乃这一带的湖霸，要从他们手里夺回被占的土地无异于虎口拔牙。为了将被圈走的土地重新还地于湖，他发动乡贤做占地少的人的工作，动之以情，晓之以理；又联合县衙对占地多的人发布公告，各种困难阻挠不再赘述，魏骥凭借其官场的威望和多年为官积累的处事经验，多方奔走后终于清退出七千三百余亩湖田。对清退出来的地，他发动当地的老百姓一起修复坍塌荒废的堤塘，在紧要处砌石护岸，堤脚增筑"卧羊坡"，还种植了杨柳用来加固美化堤岸。

一个耄耋老者，原本是儿孙绕膝、颐养天年的时候，却还在为家乡的水利事业忙碌。除了疏浚湘湖之外，他还曾与当地百姓一起抗洪抢险，并主持修筑麻溪、西江、白露、瓜沥、股堰、单家、曹家等处塘堰及徐家、石岩、螺山、毕公、长山等堤塘涵闸十二处。风雨中，一个头戴笠帽、身披蓑衣、足穿草鞋的普通农人打扮的老人，时常行走在堤塘边，步伐稳毅不似耄耋之年。后来，他的事迹被朝廷知道后，明宪宗特遣使者，赐羊酒，并命地方官每月供米三石。只可惜，一生清廉、体恤民情的老者魏骥不久便沉沉地合上了眼睛，他太累了，尽管心中有对一方百姓的不舍、对水利事业的不舍，可他还是在湘湖边的徐家坞睡了下去……

登上石岩山巅的一览亭西眺，湘湖风景尽收眼底，既见青山历历，又望碧波盈盈，美不胜收，水波澹澹仿佛模糊了昨日，那些诗句中还能依稀传来一位老者沧桑低沉的声音：

> 百里周围沙渺茫，龟山遗爱许谁忘？
> 水能蓄潦容千涧，旱足分流达九乡。
> 荇带荷盘从取市，蒓茎芡实任求尝。
> 邑侯乡父休轻视，圩岸时须督有方。

在湘湖边茂盛的草木深处有一处墓葬，墓坐东朝西，墓包呈半椭圆形。墓道不长，自西向东两旁依次塑着成对的石马、石羊、石虎、文官俑,经过风雨吹打,面目有些斑驳,有些形状也已破损,原墓前的牌坊现无迹可寻,甚是可惜。乾隆《萧山县志·冢墓》记载:"魏骥墓。《旧志》:谥文靖,赐祭葬。墓在湘湖齐家坞,公存日自营,名曰乐丘。"

彼时,墓主人临终立下遗嘱于子女,交代待他死后,丧事从简,不得惊动官府、乡邻。他的正直为人、清廉作风从此留在了湘湖的山水间,被后人一直铭记并流传着。人们仿佛还能想象魏骥去世时,当地千余县民自发上书朝廷,请求准许在县城西门外立祠纪念的隆重场景。他自己要求从简办丧,老百姓却自发用最隆重的仪式送别这位一生廉洁、为国为民的清官。

《孟子·尽心上》谈到君子对待人生有三乐,其中"仰不愧于天,俯不怍于人"为其中第二乐。魏骥一生,不仅做人堂堂正正、光明磊落、清清白白,还勤政廉政,即便告老还乡,处江湖之远,依旧秉承一贯的做事风格,关心民间疾苦,耗尽了毕生的力量。

浮生若梦与纸笔春秋

突兴之所至，情之所动，他立刻提笔在黄卷上纵情挥洒。灯芯忽明忽暗，手中之笔越写越急，将历史兴衰、生死别离、好恶判然付诸笔端。

和书有关的人和事，仿佛不再是单纯的人和事，它们有了情感和生命：像和煦的春日里，池镜中的明媚；又像凛冽的寒风里，黑暗中的盛衰。书中人、写书人、看书人的喜怒哀乐在纸张中翻腾。

《清史通俗演义》《元史通俗演义》《明史通俗演义》《民国通俗演义》等作品，是萧山临浦一位历史演义作家蔡东藩的作品，这些演义结集为《中国历朝通俗演义》（时代文艺出版社，2009 年 1 月第一版）。据说他的作品是当年毛主席放在案头的常读书。

时间飞速退回到 1914 年到 1937 年间的某一天，沿着不长的巷弄向深处望去，迎面的一处民居突然出现一位面容清癯、神寒形削的老人,他身着粗布长衫,提着竹篮,想必竹篮里面装着清明前后最应景的螺蛳、豆腐等寻常菜。不知是新染了风寒还是旧疾复发之故,来者偶有几声咳嗽,但依旧步履匆匆,与路人擦肩而过。

脚步声停在临浦集镇上一幢坐北朝南的民国时期建筑面前,这就是临江书舍。

门是虚掩着的,"吱呀"一声,老人推门而入,走进了天井。这位老人就是我国著名的历史学家、演义小说家、教育家蔡东藩先生。蔡东藩,本名蔡郕,字椿寿,号东藩,绍兴府山阴人(今浙江省杭州市萧山区临浦镇人)。

这处白墙黑瓦、凹字形砖木结构的楼房,看上去不过是一间普通的两层传统民居,有三间正房和两座厢房,楼上作卧室,楼下中间为厅堂,东面是厨房。进门一处小天井,大雨倾盆之际,雨水沿着瓦楞草汇集在四周的瓦当,形成雨帘;天气晴好了,阳光倾泻洒进些温暖的亮光,那一楼天井西侧的偏房也亮堂起来,琅琅读书声响起,先生在教室来回走动,望着摇头晃脑的学生,时不时扶起滑下的眼镜框。

蔡东藩先生原先住在临浦牛场头的老家,住隔壁的侄子有精神病,经常大喊大叫,致使他无法安心写东西,只好另寻他处。中华民国三年(1914),他向金姓主人租了这幢两层三开间的房子。先生年轻时曾到杭州担任家庭教师,去过绍兴一所中学做过国文老师,1927年,回到临浦出任小学教师。因本来身体虚弱,随着年龄增加更是每况愈下,所以只好在家设馆收徒,教授金家和汤家子侄四五人课读。授课作文之余,蔡东藩还常到乡间行医,经常给贫苦农民看病。他虽年老体衰,还是不辞劳苦地出诊,救人急难。他曾对家里人开玩笑:"像我这样,总可叫作儒医吧!"他医治有方,请他看病的人,络绎不绝。

此时,孩子们正在屋内读书,琅琅书声穿过走廊落在天井边。

"先生,这是您的信件。"一个孩童怯怯地递上信件,生怕先生又记起他前几日没有认真温习的事。平日里戴着眼镜的先生很温和,但如果遇到学生偷懒不用心,脸色便不大好看了。

先生打开信封阅读起来,慢慢地,脸色凝重,眉头紧蹙,继而剧烈地咳起来……

随着《清史通俗演义》完稿,1920年蔡东藩逐渐进入了创作的井喷阶段。在写《民国通俗演义》时,问题就来了。信来自与他合作的会文堂书局,特意关照他:"写近代史一定要小心谨慎。"这个要求自然不高,因为蔡东藩对每部演义小说都是十分小心谨慎的。书局补充要"隐恶扬善",言外之意就是不要将当时不好的一面暴露出来,毕竟有的人还活着,有些还是当权者,容易招致祸患。蔡东藩岂是阿谀拍马之辈,如果他屈从这样的意思,不是和自己当初的救国理想背道而驰了吗?想到这他无比气愤,写到八十回干脆就撂挑子不干了。所谓"孔子作春秋,而乱臣贼子惧",蔡东藩认为他写的材料都是有根据的,要他捏造历史,他干不来。所以,《民国通俗演义》后来的四十回是由他人续写的。蔡东藩写历史既有对历史的呈现,也有自己对人对事的观点,但前提是对历史的忠诚。

　　一条曲折的西小江穿镇而过,流过蔡东藩的书楼之下。雨停之时,鸡鸣时分,他推开木窗望着晨曦中这片苦难的土地。蜗居之地无功名,只有一腔救国的热望升腾。

　　蔡东藩回首曲折的一生,无数痛苦在暗夜向他袭来。他从小天资过人,考取了秀才,当过候补县令,但终究和官场格格不入,选择退出是非之地。仕途失意也就罢了,生活仿佛也处处与他作对,妻子离世和孩子早亡,让他内心郁郁,人的命运又何尝不像窗外流经的江水呢?一个个夜阑人静的夜晚,无数飞蛾扑向青灯。他,时而凝神沉思,时而若有所悟,时而干咳着穿过书房,消失在巷子的夜色中。突兴之所至,情之所动,他立刻提笔在黄卷上纵情挥洒。灯芯忽明忽暗,手中之笔越写越急,将历史兴衰、生死别离、好恶判然付诸笔端。

临江书舍书房灯下这位清瘦的老人，首先萌生"演义救国"的理想。1914年夏，蔡东藩得知袁世凯废除了《临时约法》，妄图恢复帝制，十分愤怒。有一个念头在他心中升腾起来，欲改造祖国，应先唤醒民智，于是他想"借说部体裁，演历史故事"，教育点化，力挽狂澜。于是，"临江书舍"这处小小的天地承载了一位历史学家深切的救国理想，他更加清瘦也越发虚弱，夜以继日地撰写书稿，十几年间从不间断，平均每日写两千字。历经无数日夜，蔡东藩写下历朝通俗演义十一部，计一千零四十回，六百余万字。且不说写这些需要花费多少精力和时间，光看的材料、书籍就已经是洋洋大观了。身居小小一隅，他的笔墨却如雕刀一般，将一幅幅生动的历史画卷栩栩如生地镌刻出来。

蔡东藩先生也以严谨的治学态度和对历史的使命感对待他"演义救国"的梦想。他在引用史料的时候是十分谨慎的，遵循"以正史为经，务求确凿；以轶闻为纬，不尚虚诬"的宗旨，凡是史书上的可靠记载，都毫无疑义地写入书内，而记载存在出入的，就根据不同情况做相应的处理：或只作介绍，或予以批驳，或运用批注，态度审慎，一丝不苟。在撰写内容上既旁征博引，又不为博人眼球而胡乱臆造,或为迎合口味,将一些戏剧、小说中有趣味的杜撰资料用在演义中。

人生际遇乃过眼云烟,人文传统可一代传给一代,"一代史家,千秋神笔",站在修缮好的临江书舍旁,望着屋檐上迎风的瓦楞草,时光停在字里行间的寓意上,经过的人仿佛就能感受到……

非遗之美

一项项非物质文化遗产在灿烂的文化长河中闪耀，它们不是静态地停留在历史时空的古董文玩，而是蕴含着我们祖辈的生活智慧和文化心理，随着时间的流逝，它们肯定会寻找到最好的平衡点，焕发新的活力和生机。

图文并茂的《萧山非遗》（杭州市萧山区非物质文化遗产保护中心编）一书，带领读者走进一个具有浓郁地域色彩的斑斓世界，轻轻唤起人的某种记忆。

非物质文化遗产（简称"非遗"）离我们很近，它可以出现在每次祭祀祖先的怀想时刻，它可以出现在一张篾席的编织时刻，它甚至可以出现在叫卖声或者劳动号子响起的瞬间。它离我们如此之近，又渐行渐远，对即将消逝的非遗，我们该怀着怎样的心情？是将其放进陈列室缅怀，还是想方设法将其留在我们流动的生活中，好让祖辈千百年前对大地的浅唱低吟一直延续到未来的时空呢？

图册如实记载了一个县城丰富的文化样本。萧山区拥有八千年的文明史，二千年的建城史，地处江南重地，它北濒雄浑的钱塘江，怀拥一汪盈盈的湘湖水，独特的地域文化孕育了形态各异的非物质文化遗产：萧山区目前有三项国家级非遗、十一项省级非遗、十六项市级非遗、八十八项区级非遗。

非物质文化可分为传统音乐、传统技艺、传统美术、民俗、传统体育游艺与杂技等十大类。每一类非遗都有它特有的样子，留住的往往不仅仅是某个物件，而是祖先们经历过的时空中的一切。

音乐一直是最能直接表达情感的一种方式，《诗经》中的每一首诗，都可以和乐歌唱。传统音乐用具有民族特色、地域特色的形式讲述着当地百姓的信仰和愿望。

据传，明代曾进入过宫廷的楼塔细十番，强而不噪，虚而不弱，时光匆匆，岁月沉浮，至今已经有六百多年的历史。对于现在的楼塔人或者萧山人来说，享受音乐不仅因为它是"圣乐"，更因为它作为非遗项目，是祖先流传下来的宝贵财富。圣乐是所有人共享的，当圣乐响起时，无论是祠堂里坐着聆听的人，还是巷道田间的行人，都能接收到遥远而美妙的声音。许多传统音乐表现出来的特质不在"雅",而在于接地气,反映了农耕文明以来中国农村社会中民众的信仰和生活方式。抛梁歌流传于萧绍平原一带,属于民俗项目,而且具有地方音乐史价值。在农村,上梁可是件大事,到了上梁的日子,屋外早早就站满了老人、孩子、妇女。吉时一到,揽金抢银、掼元宝的仪式开始,主人天女散花一样洒下喜果雨,人群中围裙、雨伞都用上了,嬉笑声、吵闹声都合到一起。此时,屋内的祭祀、风水、取木、上梁等仪式有条不紊地进行,这些仪式都不是闷声不响的,而是越热闹越好,木匠、水泥匠、东家进行的说白、独唱、对唱、合唱很有意思。在这样的大日子里,仿佛总要有人说些什么,唱些什么才能将主人家心中的喜悦传递给大家,听的人才会沾上喜气。有些地方还有喝彩歌谣,闹新房、上梁、春种、秋收都要歌唱,衢州常山的喝彩还是一项国家级非遗项目,浑厚响亮的唱腔带着祈愿,歌声抑扬顿挫。古代文人雅士歌以咏志,乡间寻常人家以唱白诉说对美好生活的期望,雅俗共赏,别有趣味。

《管子·正世》说:"古之欲正世调天下者,必先观国政,料事务,察民俗,本治乱之所生,知得失之所在,然后从事。"中国是有着悠久的民俗文化的国家,而民俗是从老百姓的生产、生活中产生并不断发展变化的。相比其他非遗项目，民俗类项目更加广泛和稳定，更能反映一个地方传统的文化面貌。萧山有河上龙灯胜会、里都村"望清明"、义桥镇堕民切口、东山村"活金死刘"、如松村"白龙会"等丰富多彩的民俗项目。

民间有云："又有龙灯又有会，还有马灯来凑对。"国家级非遗河上龙灯胜会中自然少不了龙的角色。相传，这条器宇不凡、不怒自威的神龙是触犯天条的泾河龙王，被丞相魏徵梦中斩首后夜闹金銮殿，李世民只好在元宵之夜为泾河龙王接回原身，超度亡灵。民间将竹木做成的龙身一节一节连起来，举行隆重的祭奠仪式。除了民间传说，舞龙灯其实与永兴河不无关系，住在河边的百姓希望通过舞龙灯的方式来减少水患、保佑一方平安。不管是民间信仰还是平安祈愿，龙灯在人们心中总是吉祥而美好的。南宋绍兴年间重建广福寺，村民舞龙灯庆贺，此传统沿袭至今。他们把扎龙灯称为"缚"，舞龙灯称为"盘"，这一"缚"一"盘"间转瞬已过千年……

有句话叫作"文不按古，匠心独妙"，文章如是，语言如是，人的思想更如是。非物质文化遗产的传承中好像更加复杂些。前卫一派认为，非遗要存在下去，则一定要和时代结合，创新才不会被时代淘汰而消亡；保守一派认为,非遗一定要保持本真,不能随意为了迎合现在的潮流和生存而一味创新,那是非遗的另一种死亡。究竟如何"按古",又怎样做到"独妙",始终是个争论不休的点。不过,传统技艺领域确实匠人辈出,使原已消失的物体神奇地复原。

千针万线的"萧山花边"、风味独特的"萧山萝卜干"、精美无比的"南宋官窑"都在技艺之中承载着记忆。特别是萧山花边,20世纪七八十年代,萧山有二十多万名挑花女工从事这个活计,它成了那个年代萧山女人吃苦耐劳的代名词。"挑花女"听上去是不是特别优雅,眼前仿佛浮现了一个个女子拿着一根绣花针在一张有纹样的纸上挑着花,熟练者还能边聊天边挑花。其实,挑花是件费眼神、费脖子的辛苦活,妇女们忙完了白天的工作,晚上就着微弱的煤油灯继续挑点花赚点钱。萧山的妇女多么勤劳,在昏暗的灯光中挑花女的剪影与手中的花边轮廓融为一体,夏日里伴着汗水、冬日里用皲裂的手织出最美的图案。

随着生活水平的提高,人们对吃越来越讲究。提到非物质文化必须提一下非遗美食,它同样属于传统技艺类。我们每到一个地方,了解这个地方文化最直接或者最直白的方式,莫过于尝一尝这个地方的美食。非遗中有很多美食，南北东西，做法各异，风味不同。味觉最不会欺骗人，似乎嘴巴天然是接通古今的一把钥匙。古人嗜好美食者不在少数，如写了《随园食单》的袁枚，写了《山家清供》的林洪，此处不再赘述。

萧山萝卜干、公泰朝糕、三清茶、青梅酒等，这些吃的饮的，仿佛都烙上了一种地方印记：闻一闻，记忆如新叶抽出嫩芽；品一番，花苞在味蕾深处绽放。这些美食以湘湖为圆心辐射到乡间田头。清明前，采上最翠绿的嫩芽，泡一壶春天的三清茶，虽不及古人隐居山里享受"记取山家好风味，雨前活火试新茶"的悠然惬意，至少能让我们的生活暂时得到一些宁静；等一颗颗青梅挂上枝头，与远山对酌一盏梅酒，一丝丝甜，一点点醉意，甚好。这就是美食带给人最独特的感受，仿佛此刻就拥有了非遗的某种特殊信物。

让我印象特别深的是公泰朝糕，已经记不清吃过几次了。相较于如今琳琅满目的甜食，它的口感似乎粗糙了些，也简单了些，不过适口者珍，在一种古老仪式的感召下，热气腾腾中粉一点一点被筛入磨具，像天空中细碎的小雪，一层一层，轻轻地叠加上去，加到一半，用洋铁小勺舀上一勺事先捣碎伴糖的红豆沙，继续筛粉。放进蒸笼蒸起来。刚一出炉，一块块带着"百年好合"等字样的糕便静静地躺在覃箕上,趁热咬上一口,糯米的清香、甜糯便在嘴里升腾起来。不免遥想,在浙东唐诗之路源头的渔浦留下了很多大诗人的诗句,这些大诗人是否也曾尝过软糯的糕,将甜香嵌进每行诗歌的平平仄仄之间呢?

一张张简单的图片,一段段朴素的文字,仿佛在诉说着古老的故事。一项项非物质文化遗产在灿烂的文化长河中闪耀,它们不是静态地停留在历史时空的古董文玩,而是蕴含着我们祖辈的生活智慧和文化心理,随着时间的流逝,它们肯定会寻找到最好的平衡点,焕发新的活力和生机。

昨日繁华尽，仍觉新鲜在

对历史怀着谦卑，对活态的文化带着敬意，冥冥之中内心的"情怀"自会告诉我们要一直走下去，因为非遗值得，如果可以，它的当代意义就是对昨日繁华最好的注释！

随着时间的流逝，很多事物会逐渐变得陈旧，乃至消失，但它会产生神秘感，让后人想要触摸它、感知它，甚至想要穿越到这些事物最兴盛的时刻，并用现在的方法将其延续下去，非物质文化遗产就是这样的事物。从事非物质文化遗产保护工作的人总带着几分自豪感，逢人便说"这是很有意思的工作"，到底如何有意思，想必沉浸多年才能道出个中趣味吧。

接触非物质文化遗产保护是在我工作后的第三年，那时对非遗感觉既陌生又熟悉，既亲近又疏离。现在想来，这种感觉中既有前辈们说的"有意思"，也有对自己业务不太熟的诚惶诚恐吧。当走进这个万紫千红的非遗大观,阳春白雪也好,下里巴人也罢,都深深地吸引着我。

存疑便寻书,阅读后解惑。

推荐这本书缘于一次培训,我有幸聆听了李荣启教授的课后,仍意犹未尽,于是找到了她的这本《非物质文化遗产保护研究文集》(文化艺术出版社,2016 年 5 月第一版)。

上文提到的李荣启教授,是中国艺术研究院研究员,文化部非物质文化遗产保护工作先进个人。她主要从事文化艺术理论及非物质文化遗产保护研究。出版的著作中关于非物质文化遗产的有《非物质文化遗产科学保护论》《文化与艺术的多视角探索》,这部《非物质文化遗产保护研究文集》是她的一部专著。

全书逻辑清晰,叙述严谨,并以具体案例佐证理论。作者通过"非物质文化遗产保护理论与实践研究""非物质文化遗产保护方式与方法""非物质文化遗产保护调研报告选辑""非物质文化遗产保护学术讲座集萃"四章全面地叙述了非物质文化遗产保护中的重要概念和存在的困惑。

虽然这本书是一本理论著作,但语言并不晦涩难懂,作者以一位学者的知识和实践,以研究者的态度、角度,将晦涩的理论一一拆解,此书不失为非遗工作者提升专业能力的工具书。

在非物质文化遗产保护理论与实践研究中,作者特别强调了在非物质文化遗产保护中无论就保护主体还是传承主体而言,最重要都是人,非遗区别于静止的物质文化遗产之处在于它的活态性,这就注定了保护工作中人的重要性。只有重视和发挥保护主体各方的作用,非遗保护才不是一厢情愿的工作。同样,只有做好对传承主体的抢救与保护工作,才能使民间传统文化的传承生生不息、永续发展。

确定了人作为主体在非遗保护上的位置后,作者继而谈到非遗分类保护的问题,特别是传统节日的保护上用三节论述了传统节日的精神、途径、文化内涵等。如何合理保护,如何更好发展,一再被提及,这是值得我们深思的话题。

在"浅论非物质文化遗产的分类保护"一节中,作者认为不光是主管部门、非遗保护工作者,甚至是整个社会,对于如何保护非遗都存在着盲区,甚至是误区。我们希望竭尽自己的力量,让最生动鲜活的非遗保存下来,不光要留存,更希望通过创设条件,加大投入,让其重新融入当代生活。我国非物质文化种类丰富,形式多样:既有多姿多彩的民俗文化,如风土人情、传统礼仪、宗教及节庆活动,又有口头流传的各种民间文学,如传说、史诗、民间故事、语言、民谣、谚语等。十大类非遗各有特点,既要有普适性的保护,又要因类而宜。书中特别提到对活态民俗文化的保护。保护工作需要遵循历史唯物主义原则,给予保护对象客观、全面的甄别和评价,在此基础上才能付诸正确的保护行动。此外,可以开发和发展有特色的民俗旅游,可采用建立民俗文化保护区的办法,利用高科技手段开展保护工作。

以我个人从事非遗工作几年的经历来看,根植于农耕文明的各类民俗、传统舞蹈的保护难度更大,因其具有群体性,带着一定的宗教特质、信仰内核,特别对所处的文化土壤、生存空间、民众集体意愿有着严苛的要求,无法孤立地、静止地被安置在狭小的人为空间中。因此更不能在短期经济利益的驱动下,用现代元素结合部分民俗要素去创造一个项目出来,如此很容易产生"伪民俗",这样就真的背离了非物质文化遗产保护中"创造性转化,创新性发展"的保护理念了。

针对越来越紧缩的生存空间,有专家呼吁要为这类项目营造一个文化空间。但文化空间和文化土壤并不是同一回事,民俗长期扎根在农村,是被广大群众接受沿袭的一种传统习俗。随着城镇化进程的加速，民俗的生存空间被不断挤压，现代化的生活方式也难以避免地在逐渐改变或者简化原来的民俗习惯。要让民俗文化遗产保存下来并在特定的区域中得以传承，使其成为"活文化"，这绝非易事。

在"非物质文化遗产保护调研报告选辑"这章，李荣启教授调研了传统节日新形式、新载体的情况。这些实践不断给非物质文化遗产保护者启示：既要尊重非遗的原真性，也不排斥它在发展中汲取新的元素。

作者在考察调研实践中谈及了纺织类非物质文化遗产的可持续发展之路。纺染织绣技艺是各个民族的"活化石"，如海南的黎族织锦工艺，最早的文字记载是春秋战国时期《尚书·禹贡》中的"岛夷卉服，厥篚织贝"。作者从有效传承、生态性保护、依法保护等方面谈纺织技艺类非遗的保护，这些同样适用于很多传统技艺类项目。

随着社会公众越来越认识到非遗的重要性，非遗也焕发出新的光彩。只有保留非遗的活态性和流变性，只有将非遗融入大众的生活生产实践，它才有流传下去的现实可能性。随着时代的进步，应该如何开展生产性保护，以及合理处理传承与发展的关系，也是值得我们不断深入思考的话题。正确认识保护的重要性，思考更好的保护方式,不同地区地域、不同项目间加强交流合作,这些是非物质文化遗产保护工作者,乃至全社会都要考虑并进行行动的。

最后我想再引用开头前辈们的那句话:"非遗是很有意思的。"保护工作何其辛苦、何其枯燥,其中的"意思"二字无非来自"情怀",对历史怀着谦卑,对活态的文化带着敬意,冥冥之中内心的"情怀"自会告诉我们要一直走下去,因为非遗值得,如果可以,它的当代意义就是对昨日繁华最好的注释!

山乡的传统雅乐

　　六百多年过去了,当人们走进楼塔镇,驻足在洲口桥头、岩山亭畔,穿梭于空旷的老房子中,依稀能听到从祠堂里传来的音乐,它依旧时而激越,时而绵长,缭绕在山乡上空,让这里的一人一事、一草一木都格外生动起来……

　　楼塔,是萧山最南端的山乡,一个有两万多人口的小镇。这里风光秀丽,晨起清晓垂村郭,竹翠溪欲流;日暮炊烟绕青瓦,谷物丰硕,蔬果常鲜。这里历史悠久,是人文渊薮,一条楼塔溪穿镇而过,流淌着东晋隐士许询羽化成仙的传说故事,流淌着唐末藩镇割据兵荒马乱中的楼氏祖先渊源,以及古乐"楼塔细十番"的由来。

　　楼塔细十番是十番音乐中的一种,具有"快而不乱,慢而不拖,强而不噪,弱而不虚,快慢有序,强弱分明"的艺术特点。对于楼塔人甚至萧山人来说,楼塔细十番不仅是"圣乐",更是祖先流传下来的宝贵财富,上至耄耋下至垂髫,都对楼塔细十番抱着一份特殊而深厚的情感。

为了能够全景式地记录、反映楼塔细十番的整体面貌,让这项国家级非物质文化遗产为更多人熟知,经过前期的调研、挖掘、整理、搜集,2012年,由夏雪勤老师编著的"浙江省非物质文化遗产代表作丛书"中的《楼塔细十番》(浙江摄影出版社,2014年11月第一版)正式面世。虽然,过程中经历了重重困难,包括原有资料不全、资料搜集困难,以及研究成果不深入,等等,但夏雪勤老师全身心投入,除了查找各种书籍杂志上的资料,还经常去楼塔镇实地采访。几个月的访谈、记录,经过反复斟酌,才有了这本图文并茂的书,它呈现了萧山南部乡村传统音乐的历史渊源、传承流变、发展创新等方方面面,承载的是作者对传统音乐的浓郁情怀和对非遗的深入探寻。

卢竹音老师说:"(本书编著者)把这一民间音乐表演乐种编写到这种程度实属不易,也还有进一步扩充、深化、细化和专业化的空间。"

这个空间应该也是楼塔细十番未来更好的发展空间。

历经几百年来的口传身授,楼塔细十番几经断层,致使不少曲子佚失,不少礼仪习俗,比如对演奏过程中的行姿、坐姿的要求,也濒临佚失。尤其从清朝光绪年间一路到 2006 年,时光匆匆,楼塔细十番历经百年沉浮。当年,留学日本的楼岳堂携妻返乡,会同乡人用工尺谱记录了《望庄台》《一条枪》《八板》等多首曲牌,并成立楼塔十番会。如今,楼塔十番会已经壮大为几十人的楼塔细十番协会。几代民间艺人的不懈努力,为楼塔细十番注入了新鲜的血液。2006 年,楼塔细十番被列入杭州市非物质文化遗产名录;2007 年,被列入浙江省非物质文化遗产名录;2008 年,被列入第二批国家级非物质文化遗产名录。

楼塔细十番的发展传承可谓一波三折,20 世纪五六十年代,因宗祠族规不复存在,楼塔十番会随之解散。但是人还在,曲尚存,一群热爱楼塔细十番的民间艺人还是在不间断地小范围开展传习活动,相关文化工作者也在开展一些整理工作。

首先是曲谱的恢复和记录。当时,萧山县(现杭州市萧山区)文化馆的李麟、姚丝怡、任吾校到楼塔调研,将楼塔细十番挖掘出来,楼正寿、楼峰等根据老艺人的回忆进行文字、乐谱记录,还特别邀请周大风记录、拟写楼塔细十番示意谱,《望庄台》《一条枪》《八板》经典曲谱得以重现。随着曲牌恢复整理工作的深入,《上马骄》《小开门》《七朵花滩簧》等也次第被挖掘出来。

2006 年 12 月,楼塔细十番协会成立。现任会长楼正寿是国家级非遗传承人,他的父亲也是楼塔细十番传人。从小耳濡目染,让楼正寿对这门艺术产生了浓厚的兴趣。他九岁那年,父亲请来当地二胡拉得最好的师傅,让他拜师学艺。师傅技艺是最好的,严格也是出了名的。楼正寿回忆:"每天到屋外的风口坐着拉,冬天手都冻僵了,要练到手暖起来为止。师傅只要一摸手的温度,就知道你有没有好好练。"在他年少时,还不理解师傅为什么这么对待自己,后来才明白了师傅的良苦用心:楼塔细十番多是在冬天露天演奏,演奏者必须经得起风霜。那四年是最艰苦的四年,但对于楼正寿老先生来说是一段最值得铭记的岁月,伴随着四年的苦练,他开始熟练掌握楼塔细十番涉及的"吹、拉、弹、打"等各类乐器。有一代代传承人的付出,才有了今天楼塔细十番的呈现。

"暖暖远人村,依依墟里烟",楼塔细十番曾跟随着楼氏先祖从朝廷内苑走进边陲山乡中,一阕音落,一阕又起,它成了楼塔普通老百姓共享的大众"圣乐"。转眼间,六百多年过去了,当人们走进楼塔镇,驻足在洲口桥头、岩山亭畔,穿梭于空旷的老房子中,依稀能听到从祠堂里传来的音乐,它依旧时而激越,时而绵长,缭绕在山乡上空,让这里的一人一事、一草一木都格外生动起来……

千字之文

《千字文》不光是给孩子们的启蒙读物,也同样适合现代社会中奔波迷茫的成年人,我们不妨停下脚步感受宇宙万物的四季变换,思索在茫茫人世间行走该坚持什么,又该放弃什么。

中国传统的儿童启蒙读物种类繁多,是中国传统文化的组成部分。中国很早就出现了各种版本的蒙学读物,有些在流传中受各种因素影响逐渐散失,能流传下来的通常涉猎广泛、文笔优美,无论是音律、内容、意蕴都是值得学习的。当然,反对者认为这类蒙学读物中含有很多封建糟粕,会戕害下一代,故持反对意见。就书本身而言,它只是一本书,反映当时社会在修身养性、人伦道德上的看法,随着时代的发展、社会的变化,落后之处甚至糟粕的出现也在所难免,但若能以今之目光取其精华,去其糟粕,不啻为一种更好的学习。

《千字文》(周兴嗣著,岳麓书社,2002 年 6 月第一版)相传由南北朝时期梁武帝命周兴嗣编撰而成,所谓千字文,就是由一千个汉字组成的韵文,全文均为四字句且字不重复。阅之,文笔优美;诵之,朗朗上口。《千字文》将天文、地理、自然、历史、饮食起居、修身养性等各种知识熔于一炉,令孩子的启蒙伴随着由具体事物、故事而来的诗意感受、情感感知。

《千字文》开头讲了天地、日月、星辰、霜雾、四时变化等。"天地玄黄,宇宙洪荒,日月盈昃,辰宿列张",孩子们能从中感受到天地的阔大,宇宙的无边无际,体会到日月星辰的变化。我们无须告诉孩子们天地辽阔、大地苍茫、宇宙无边是什么意思,只需让他们看、让他们读就行。我的孩子学《千字文》的时候尚在读幼儿园,他跟我说:"妈妈,宇宙那么大那么大,我们人这么小啊。"我给他讲了盘古开天地和女娲补天的传说,他特别感兴趣,仿佛日出日落、月圆月缺都化成了有声音的文字。再和他讲到四季节令时,"寒来暑往,秋收冬藏",他马上能领悟过来:"秋天收果实,冬天就有吃的,不然会像寒号鸟一样饿死。"关于四季的变化交替和人们不同时间应该做的事,孩子们比我们更会想象。我逐渐跟孩子讲到人的修养、交友、治学等。比如,《千字文》中谈到认真学习是为了做官。在学习之前,我会问孩子:"你的梦想是什么? 你现在读书长大了要做什么?"他会说很多想法,当科学家、作家、警察、医生、老师,说到后来也忘记了自己到底想做什么。启蒙读物的本意不是让孩子死记硬背里面的全部内容,而是根据已有的内容去启发他们进行思考。古代,考取功名似乎是读书人唯一获得社会认可的渠道,但是现在实现人生价值的方式有千千万万,孩子们在学习中会逐渐明白,无论以后做什么,都要学好本领才行。书中有很多历史人物,他们或孝顺,或忠诚,"孟轲敦素,史鱼秉直",通过解读这些事例,能够让孩子们更深入地了解其中的意思。

鉴别的过程也是很好的学习教育的过程。《千字文》不光是给孩子们的启蒙读物,也同样适合现代社会中奔波迷茫的成年人,我们不妨停下脚步感受宇宙万物的四季变换,思索在茫茫人世间行走该坚持什么,又该放弃什么。

哲
思
编

书中的未来之一：世界是否依然美丽

人不是机器，我们要感激每一种思想、每一份情感、欣赏每一种差异，这才是美丽的人生，它属于多样的世界，更属于我们自己。

未来的世界是怎么样的？什么样的世界才可以称作美丽的世界？稳定、有序、幸福……活在新世界，没有痛苦，没有死亡，没有孤独，没有病痛，没有不满。

世界在进步，科技在发展，人在进化，每个人都对未来充满期待。未来到底是个怎么样的世界，探索永不止步，想象永不停息，不过美好的幻想却值得警惕。

英国作家阿道斯·赫胥黎的《美丽新世界》（郑婷译，漓江出版社，2018 年 7 月第一版）是 20 世纪最经典的反乌托邦文学作品之一。从出生到死亡都被控制的世界，看似是一个美丽新世界，实则是对美丽新世界的反讽。从这个角度来看，不得不怀疑，这个世界真像我们看到的那么美丽吗？这个世界是我们一直期待的世界吗？

在赫胥黎虚构的福特纪元 632 年的社会中,阶级和社会分工从一开始就是被垄断公司和政治独裁者设定好的。每个人都是人工设定的,也就是说从基因开始人就被划分归类,人出生前其身份和所属阶层就被固化了。如果说生物学仅仅是异化身体,那心理学就完全是让人们认同被分配的身份和阶层,从而快乐工作。

等这批流水线的人类成年之后,生活很清闲,一天只工作较少的时间,剩下的时间可以玩无聊的集体游戏、去电影院看感官电影。这些人但凡遇到什么来自现实的烦恼,或者灵魂深处感到空虚,只需借助催眠术矫正思维,或一两克精神类药物"唆麻",就能快乐似神仙,在美丽新世界凭空增添烦恼是不必要的。这种生活,是不是看上去很惬意？有谁愿意每天累得像狗,还得继续满腹怨气地面对第二天的生活。《美丽新世界》一边演示着快乐和安定的幻象,一边不忘反问读者:这是不是你想要的一切？

元首说:"现在的世界是安定的。人民过着幸福的生活,要什么有什么,得不到的东西他们绝不会要。"

"那好,"野蛮人挑衅地说,"我现在就要求不快乐的权利。"野蛮人代替我们这些读者去感受新世界,野蛮人的视角也就成了读者的视角。

看上去无忧无虑的世界,却剥夺了人最基本的权利,包括思考的权利。野蛮人说他要求不快乐的权利,就是想找回"做人"的意义。一克唆麻并不能解决所有的烦恼,它只是让人们一次次回避思考。

个人自由、主体意识,统统化为乌有,甚至最好不要有想要独处的想法,个体在这里并不算什么,只有集体才是重要的,所谓"每个人都属于其他人"。

一切,都被科学和制度安排好。

可怕的不只是思想的禁锢,还有情感的剥夺。

在美丽新世界里,野蛮人认为随便和人发生关系是可耻的,但喜欢他的女孩认为没有感情发生关系是这个世界倡导的。他们的对立,是三观的对立,更是新旧世界的对立。旧有的世界秩序里有爱、牵绊、激情、痛苦,新世界则将这些寄生在人身上的东西一一剥离。年少时,人们就被强行灌输:未来,没有家庭,只有集体,没有婚生子,父母也成了侮辱性的词语。一对男女,只要愿意,就可以上床,而且不必有任何负担,因为避孕措施会做得很好。女孩有一半生来就没有生育能力,剩下的也全都会被控制。

　　既然没有痛苦、激情和危险的经验，那也不需要理解，男人和女人之间的相处用最简单的方式。剧作家廖一梅说："在我们的一生中，遇到爱，遇到性，都不稀罕，稀罕的是遇到了解。"在美丽的未来镜像中，遇到了解是万万不可能了，因为唆麻可以让烦恼迎刃而解；遇到爱也变得可耻，因为不必负担责任的性才被推崇。美国心理学家罗洛·梅说："性和爱是性爱的两个侧面，性在后面驱动，爱在前方指引，如果失去了爱，性也就没有了内在驱动力，没有了意义。"在所谓的"新世界"，没有了家庭这个基础单位，人与人的关系更加开放，开放带来的结果是人更享受身体的交流，却忘记了灵魂的对话。垄断公司和政治独裁者自然不需要人们记起什么感情，他们需要的是稳定，人与人之间难以形成社会关系，社会才会趋于安定。

　　人们失去了个人情感，失去了爱情——性代替了爱，失去了痛苦、激情和经历危险的感觉，感官电影刺激着人的大脑，催眠术和精神类药物扰乱着一群不会思考的工具人，这才是"美丽新世界"为我们揭露的赤裸裸的现实。

　　赫胥黎的这部作品是关于未来的反乌托邦作品中，最接近现实的一部：随着人工智能、试管婴儿等科技的进步，在未来可以对基因的优劣做出筛选，垄断集团将之作为手中的资源,控制社会分工,人的情感和思想、一切有关自我的权利都不复存在。

白先勇说:"拥有的从来就是侥幸,无常才是人生的常态。"人在失去和获得之间,不断地成长。人不是机器,我们要感激每一种思想、每一份情感,欣赏每一种差异,这才是美丽的人生,它属于多样的世界,更属于我们自己。

书中的未来之二：预言启示录

这是个无望的世界，所有对自己以及爱人、亲人的背叛，都指向另一种愚蠢的忠诚。

《一九八四》(乔治·奥威尔著，董乐山译，上海译文出版社，2008年6月第一版)是英国作家乔治·奥威尔的成名作，后来村上春树的《1Q84》致敬的就是奥威尔的这部反乌托邦小说。全书以全知视角和主人公的特殊视角，审视极权下极度异化的社会。

作为反乌托邦三部曲之一，读者经常会拿它和《美丽新世界》做比较，按照科技和社会的发展进程，对于人的自由意志的控制，《美丽新世界》的寓言式图景似乎更符合现实：在娱乐至死的时代，垄断公司和政治独裁者用生物学、心理学等高科技手段，温水煮青蛙，使人在不知不觉间丧失自由意志。

《一九八四》的恐惧更让人窒息。贫穷、偶像崇拜、洗脑、监视成为生活的常态,读来让人渐渐从压抑过渡到麻木。这是个无望的世界,所有对自己以及爱人、亲人的背叛,都指向另一种愚蠢的忠诚。

很多人在网上讨论《一九八四》:现在信息技术发展迅速,人获取信息的速度不断加快、范围不断扩展,通过监视、洗脑等手段控制大众的方式未免过于简单粗暴,在未来社会实现的概率比较小。

比起讨论垄断组织或者独裁者用何种方式控制舆论和思想,我更关心的是在一个扭曲的社会中个别觉醒的人的处境和出路。

主人公温斯顿在真理部工作,主要负责篡改历史和消除与历史有关的证据。按部就班的工作并没有抹平温斯顿的思想,反倒让他看着被篡改的历史,分析着客观世界,逐步产生了怀疑精神。"众人皆醉我独醒",他通过日记与自我对话,反复确认自己的世界观,并且和周遭病态的世界保持表面的一致,因为任何与众不同都可能招致牢狱之灾,甚至直接从世界上消失。

在小说中,历史不是用来警醒世人的,反而成了一种专制独裁的政治手段。当时世界分成三个国家:大洋国、欧亚国、东亚国。国家之间关系的变化也会引起历史的改变,因为"谁控制过去就控制未来,谁控制现在就控制过去",篡改历史是一种很有效的控制手段,它时刻提醒大众该如何选择对的立场。在夸张和戏谑的语境中,没有人会记得真实的历史,甚至没有人会介意,温斯顿的觉醒和疑惑却从此开始。

每隔一段时间,历史真相就会翻新。这个情节和奥威尔的另一部作品《动物农场》中的情节有些相似,为了达到领袖新的目的,动物们晚上将白天的标语重新粉刷,以符合领袖的意见。

温斯顿内心的觉醒来源于工作和生活,当扭曲成为常态,温斯顿的思想和行动就成了另类。为了让自己看起来更正常,他经常提醒自己要表现得像周围的正常人。他的自由意识在觉醒,但他的行动力和执行力迟缓,这怪不得他,他是社会的悲剧英雄,更是牺牲品。

压抑的氛围从社会的四面八方涌来,也从实实在在的电子监视屏里辐射出来。每个人都暴露在电子屏幕前,这个屏幕监视着人们的一举一动,收集声音数据,甄别思想变化。人没有隐私或者自由可言,他的一切属于统治者,正统的思想就是没有思想。主人公温斯顿的一个表情、一个叹息都有可能出卖自己,他只能将不安和怀疑偷偷倾注在日记本上。

孤独的温斯顿在情感最困顿的时候,遇到了美丽的裘莉亚,裘莉亚是奥威尔刻画得最丰满、最有吸引力的女性角色之一。和温斯顿有所不同,她是"非知识分子",她身上具备着资产阶级的特质。她语言粗俗,大胆追求自然性爱。她是出于爱的本能而对当局的说教产生怀疑。她的出现给予了温斯顿情感的救赎。两人产生了美好的地下恋情,裘莉亚带温斯顿走进自然,聆听鸟鸣,唤醒了温斯顿对自然的感受力。这就是他心中孜孜以求的"理想国"。可以说,正是裘莉亚的爱给了温斯顿情感救赎,帮助他实现了精神的升华。

小说的结局还是有些伤感,在极权社会,温斯顿个人的力量过于渺小,他的斗争甚至在死水中激不起半点水花。爱情如昙花一现,他在身体和心灵经受双重打击后,再次走进众人都奉为圭臬的怪圈,失去了怀疑和自我。他又开始崇拜"老大哥"了,似乎他变得幸福了,而这种幸福又有多寒冷呢?

书中的未来之三：时间之远

阅读《时间机器》时，我为作者细腻描写中的丰富而瑰丽的想象力折服，也在一次次惊心动魄的时光之旅中自省，一切都没有重来，所有的消耗都是唯一。

1895 年出版的《时间机器》(青闰译，译林出版社，2012 年 12 月第一版)是以科幻小说创作而闻名的英国著名小说家赫伯特·乔治·威尔斯的成名作，也是他最成功的作品之一，同时是世界科幻小说史上第一部以时间旅行为题材的作品。

作品以第一人称叙事，叙述生动，逻辑严密，悬念迭起。通过旅行家几次时间旅行中的奇特见闻，以丰富的想象、错综复杂的情节、细腻的心理刻画，生动地描绘出了两个逼仄、压抑甚至恐怖的未来世界。

小说讲述了时间旅行家发明了一种可以任意穿梭时间的机器。他穿越到公元 802701 年。这时的世界物产丰富,人类已经分化成了两种生物:一种是生活在地面上,智力和体力退化的埃洛伊人,他们被圈养在豪华宫殿中;另一种是常年生活在地下,形如狐猴、凶狠彪悍的莫洛克人,他们是地下世界的运行者,也掌控着地上世界。

在未来世界逗留期间,旅行家充满疑惑,他的疑惑也是每个读者的疑惑,几十万年后人类文明更进步了吗?世界是否变得更美好了?比如,"就坟墓来说,我就没能看到有火葬场的任何迹象,也没能看到使人联想到是坟墓的任何东西"。再比如,"让我需要进一步说明另一件使我更迷惑不解的事:这个民族没有一个年老体弱的人"。读者同旅行家一道踏上了充满悬疑色彩的时间旅行。

全书基于现实发展轨迹预设了未来消极的可能性。很久以前,地面上的埃洛伊人还站在社会分工的金字塔顶端,他们衣食无忧,心安理得地享用同胞的劳动成果。经过一段漫长的时间,他们在安逸和舒适中智力慢慢退化,成了彻彻底底的被捕食者。那些处于底层的莫洛克人的生存空间被挤压到了地底下,长期的地下生活,让他们的体格、形态、洞察力不断进化,更像是某种白化的动物。生存环境的恶化激发了他们的动物本能。

作者借时间旅行家之眼,看世界的衰退和人的退化;

借时间旅行家之口,诉说承载人类所有关于传统、语言、民族、文学的记忆被一扫而空;借时间旅行家之心,感知关于人类智慧戛然而止后遁入鸿蒙的哀伤。

"不停地追求舒适和安逸,追求一个把安全和永恒当作口号的平衡社会,它已经实现了愿望——最后达到了这一步。"

"平衡社会"中的舒适安逸实现了人类最终美好的目标吗?显然没有。来自19世纪末的灵魂一问,给我们泼了一盆冷水。阶层固化的问题日益显现,富人的财富越来越稳定,既有的社会分工也更加明确。社会朝着更加平衡且稳定的方向运行着,人们更自觉地融入舒适的生活状态,独立思考和深入探究的能力逐渐弱化。这是我们正在进行着的状态,在遥远的未来,作者试图在时间旅行的寓言里,用极度夸张、血腥的方式割破所谓的社会永恒和平衡的虚妄。

作者说:"没有变化和无须变化的地方就不会有智慧。"埃洛伊人的退化是宿命,他们逐渐丧失了主动权,跌到食物链的底端,成为莫洛克人的盘中餐。莫洛克人何尝不是这场演进中的受害者呢,他们以逐渐丧失人性为代价爬到了原始的食物链顶端,重新开启茹毛饮血的历史。身为主人公的时间旅行家看到这种景象,难免感叹:

"这时,一阵恐惧向我袭来,为了摆脱恐惧,我把这看作对人类自私的一种严惩。"

对这个未来世界,时间旅行家的情感是复杂的,对于读者来说也一样。埃洛伊人在成为莫洛克人的食物之前,他们处在最尊贵的位置,所有安逸和快乐都建立在同胞的辛勤劳动基础上,所以,他们的退化,甚至沦为食物是对人性自私的一种严惩。但反过来说,埃洛伊人仍然保留着人的很多特性,莫洛克人的残暴更加远离人类,从这个角度我们对埃洛伊人更怀有怜悯和同情之情。

人吃人的世界,是一个绝望的世界……

没想到另外一个世界更加绝望。几千万年后,人类灭绝,倾斜的海滩上只剩下像巨大的白蝴蝶、巨型螃蟹之类古老的生命。像黑白默片一般,那种恐怖、荒凉,令人不寒而栗。从人类退化再到人类灭亡,逐步传递了作者心中对未来世界的忧虑,这种担忧在我们身边并非无迹可寻。

今天,切尔诺贝利的悲鸣仍在耳畔响着。当初一声轰响后,大量放射性物质泄漏,此后几十年陆续有人死亡,有人遭受病痛折磨,有人被迫成为流浪者,被辐射的植被处于反常的基因突变现场,辐射中心的普里皮亚季城因此被废弃,成为一座荒凉的鬼城。诺贝尔奖获得者阿列克谢耶维奇创作的《切尔诺贝利的悲鸣》是她冒着生命危险采访幸存者的口述实录,英国《每日电讯报》评论:"从受访者的独白中,阿列克谢耶维奇创造了这样一种历史:无论离这些事件有多远,读者都能感同身受,如有切肤之痛。"美剧《切尔诺贝利》同样在虚构和艺术背后,呈现了灾难背后的众生相。

切尔诺贝利也许只是人类悲剧的缩影,另一些灾难正在以慢性病的姿态消耗着我们和地球:过度开发造成资源枯竭,辐射导致的动植物变异,全球变暖导致冰川融化、动物被迫迁徙,等等。我们贪婪地觊觎、无节制地索取,使自己一次次地陷入"对人类自私的惩罚"的恶性循环中。人类灭亡,地球只剩些变异的古老生命,可能只是时间问题吧!

阅读《时间机器》时,我为作者细腻描写中的丰富而瑰丽的想象力折服,也在一次次惊心动魄的时光之旅中自省,一切都没有重来,所有的消耗都是唯一。小说结尾时间旅行者再次开启时间机器,给读者留下了念想。它既是结束,同时又是一场开始。

网络时代，我们与思考的距离

我们要从一个事件出发，由细微处探知思考，承担家庭乃至社会需要我们承担的责任，这是一个很美好的开端……

有时候，我总是会问自己，为什么要阅读。是因为阅读能给我带来知识？阅读能给我增加人与人交流的资本？又或者阅读能带给我另一种生命体验？后来我觉得阅读最可贵的地方在于它更能给予我安静独处的空间进行独立思考，尤其在一个信息碎片俯拾即是的时代。

当然，阅读只是获得独立思考能力的途径之一，而不是唯一的方式。我们在与自我、他人、社会对话的同时，时刻保持着思想和人格的独立，而不是人云亦云，丧失了判断力。人可以平凡，平凡到放在人群中都找不到，但不可以平庸，平庸腐蚀的是思考的能力。

美国思想家汉娜·阿伦特认为,如果放弃思考,我们将成为机器的奴隶。也许不仅仅是机器的奴隶,还是整个社会的奴隶。

阿伦特还认为,思考所表现出来的不是知识,而是分辨是非的能力,判断美丑的能力。一个人丧失了是非美丑的区分能力,要么走进恶,要么成为"庸人",或者说一个事不关己的旁观者。

曾经,鲁迅先生将冷漠的旁观者形象刻画得入木三分:"老栓也向那边看,却只见一堆人的后背;颈项都伸得很长,仿佛许多鸭,被无形的手捏住了的,向上提着。"(《药》)鲁迅先生写庸众站在丁字街头,围观革命者夏瑜被砍头。吃人血馒头的旁观者又何尝不是旧社会刽子手的帮凶呢?

网络时代带来自由表达自己观点的便利,每个人只要不触犯底线,可以随时随地地畅所欲言。隐藏在屏幕背后的无数键盘,难道不是催生了新的一批吃人血馒头的人吗? 当出现热点事件,部分网民就将好人和恶人迅速区分开来,然后站在自认为对的那个队伍里,向恶人丢石头,进行道德审判。这时会出现两个问题:一是所谓的恶人是否真的是恶人;二是我们标榜的善是不是想当然。也许几句话的舆论导向和断章取义,包括你我在内的大多数人就会在不知不觉中成为舔舐人血馒头的那拨人。

前段时间的一部电视连续剧《我们与恶的距离》尖锐地探讨了人性的内里,呈现了在一次无差别杀人事件中多个家庭面对的痛苦,以及自居正义的公众舆论,聚焦了案发后的众生相。剧中,媒体在收视率和新闻伦理之间难以取舍,社会舆论对罪犯家属进行道德审判。从剧中可以看到网络上所谓的"共情"未必理性,倒像众人在进行一场预谋性的狂欢,在虚拟世界中,思考的作用显得既滞后又弱小,参与狂欢的每个人都在享受审判的权力,他们成了雪崩时一片片叠加的雪花。

汉娜·阿伦特在《艾希曼在耶路撒冷:一份关于平庸的恶的报告》(安尼译,译林出版社,2017年1月第一版)一书中提出了著名的"平庸的恶"。作为犹太人的阿伦特分析了艾希曼在纳粹中所扮演的"棋子角色"。无论是《我们与恶的距离》还是"平庸的恶",人如果缺乏思考和鉴别的能力,那么其所谓的善意未必是真正的善意,与恶的距离并不遥远。也许只是一念之间、一线之遥,我们就在以平庸共享着恶意,且并不以为意。与公共事件相关联的人大部分时候离我们很远,远观者在屏幕后打出的一句句随意的话,让其逐渐成了离恶最近的人,"平庸的恶"未尝不是更大的恶。

在网络狂欢中,信息传播方式的重要性已经远远超过了信息本身。庞勒认为"最能打动各种群体想象力的莫过于戏剧表演了"。群体缺乏理性,却有活跃而强大的想象力。影响想象力的不再是信息本身,而是它扩散和传播的方式,此刻的共情反倒是一把看不见的利刃,看上去公正,实际上扮演着被舆论牵着鼻子走的平庸之辈。社会都是这样的人,这个世界还会好吗?一百多年前梁漱溟的父亲梁济也曾问:"这个世界还会好吗?"当时梁漱溟回答道:"我相信这个世界是一天天往好里去的。"这个"好"的世界多么难,需要多少有斗志、有毅力、有理想、能不断思考的人才能共同建造起来,需要一代又一代,历经无数代。

独立思考不一定就能远离"平庸",但不独立思考随大流就一定难逃"平庸"。另外,如果这种思考局限在精致利己主义上,依旧难以逃脱"平庸"。所以,我们要从一个事件出发,由细微处探知思考,承担家庭乃至社会需要我们承担的责任,这是一个很美好的开端……

角色重塑之路

全球化不是黑暗森林,它是人类文明发展的必然进程,不管在这个进程前方的黑暗中有什么在等待着我们,我们都蓄势待发、充满希望。

改革开放三十多年,中国经济的快速发展得益于工业化、市场化和全球化,特别是全球化,使中国全面参与并受益于全球分工的价值链。但是,随着 2008 年全球金融危机的蔓延,我们目送了诸位"了不起的盖茨比"铸就的黄金时代,进入当今全球化关键的裂变时期,对于中国而言,这是一个充满机遇与挑战的时代契机。亚洲开发银行首席经济学家魏尚进说:"全球化是经久不衰的话题,也是当下最富挑战的宏观研究主题。"

《全球化 4.0:中国如何重回世界之巅》(邵宇、秦培景著,广西师范大学出版社,2016 年 8 月第一版)书名中的"重回"是值得深思的,其中既有历史发展的水到渠成,也有等待已久的霸气逆袭：首先，在前全球化时代，中国的"武林盟主"地位确立，全球化雏形初现；然后，到了全球化1.0时代，中国闭关锁国，成了世界格局里的失语者；到全球化2.0时代，"量中华之物力，结与国之欢心"，中国遭遇大分流，被边缘化；再到全球化3.0时代，中国全力加入世界工厂，以极大的投入和代价进行和平的原始积累；"一带一路"意味着全球化新时代的切换，中国正在全球化4.0的语境下奋起直追，实现角色的重塑，以及在地缘上的拓展。所以，这部立足中国，聚焦全球化，探讨中国如何书写新语境下全球化剧本的著作值得期待。不过，窃以为"世界之巅"的说法未免过于锋芒毕露，可内敛一些。

真实的历史远比小说精彩，旧式全球化日渐式微，新式全球化动力何在？正是在全球化驱使下焕发生机的古典全球贸易路径和网络，给予了作者审视全球化的视角，催生了作者笔下看似眼花缭乱实则井然有序的金融架构、经济走向。作者邵宇，是金融学博士、中国社科院博士后、复旦大学金融研究院研究员，也是美国《华尔街日报》、英国《金融时报》、中国财新网专栏的作者，曾任职上海宝山区发改委副主任、复旦大学国际金融系副系主任等，其代表作品包括《全球化4.0：中国如何重回世界之巅》《穿越镀金时代》《危机三部曲：全球宏观经济、金融、地缘政治大图景》等。另一位作者秦培景，是复旦大学金融学博士、中信证券研究部A股策略师，荣获过新财富、水晶球最佳分析师等多项荣誉。两人强强联手，剖析全球化4.0下的中国经济发展姿态以及与世界的融合状况。

本书既是一部惊心动魄的经济史，又是一部了解现在国际经济格局和发展趋势的前沿著作。整部书的格局十分宏大，全球化本就是一个宏大的命题，任何脱离现实的夸夸其谈都会显得枯燥而浅薄。作者以全球化演进为主线，讲述了风雨百年的世界经济史与中国经济史的纠葛，呈现了风云诡谲的国际经济博弈、对峙、斗争。本书延续了两位作者上一部经济学作品《危机三部曲：全球宏观经济、金融、地缘政治大图景》中提供分析金融危机和各主要经济体兴衰成败时的敏锐洞察力、缜密思维与大胆前瞻，所以，在这部书中干货层出不穷，我们不难看出它有着《危机三部曲：全球宏观经济、金融、地缘政治大图景》的身影。这部书既可以当作其续集，也可以视为其姊妹篇。

整部书脉络清晰，内容翔实。引言从新全球化的使命召唤切入，八个章节的内容分别为危机第三季、大变局序幕、亚洲升腾、全球化 2.0、全球化 3.0、中国的全球化剧本、全球治理改进的中国烙印、全球化不是黑暗森林。其中,有对全球化时代特征的审视,有对各个国家和地区的优势和缺陷的分析,抽丝剥茧,层层深入。作者在叙述全球化的进程时,将经济和金融作为重要主线,投资、地缘、军事是作者认为需要强化的主线,并提出了一系列全球化 4.0 下的全球新议题,包括核武器扩散、恐怖主义、网络安全等高政治领域的议题和气候变化、温室气体排放等低政治领域议题;以及中国在这些议题上的担当和行动。预测未来中国将走在全球治理的最前沿,构建新型国际关系和打造人类命运共同体。最后收尾落到全球治理的变革与中国的最佳实践上。

在这部书中,我们看到了中国角色重塑过程中的几大变化。

首先是战略的转移与布局的重谋。2015 年,中国《推动共建丝绸之路经济带和 21 世纪海上丝绸之路的愿景与行动》发布,标志着中国的战略部署从韬光养晦转向了积极有为,积极参与全球治理,力图引领区域的转变。"一带一路"倡议的开放性和包容性背后是更大的雄心壮志,在新的巅峰对决中,中国在寻求全新的对外利益交换格局和攻略。

其次是中国与世界的沟通与对话。从中国走向世界到中国成为世界经济、文明的重要组成部分,在全球化进程中学会与世界沟通是一个有趣的命题。面对中国缺席跨太平洋伙伴关系协定(TPP),国内不少人表达了失落、愤懑的情绪,反观国际社会对中国的态度,同样充满了猜疑与焦虑。作者试图从中国传统文化的八卦易学中参透阴阳变幻、气力平衡,卸掉脸谱化的装饰,找到合适的理解和分析框架,避免因沟通障碍而形成战略误判,把与西方国家直接的对垒当作合理的挑战,使西方一直以来对东方的阴谋论偏见弱化,最终实现一体化互联互通。中国与世界需要摒除偏见,平心静气地沟通。

最后是新兴大国与守成大国的博弈与较量。书中渐次描述了大航海及地理大发现的全球1.0时代,英国及英镑引领全球化的2.0时代,美国及美元带动的全球化3.0时代,并且预见在全球化4.0时代中国将重新回归,世界必须留出足够的空间容纳中国的回归,或许不仅是中国回归那么简单,其中还蕴含着新兴大国与守成大国的博弈与较量。

中国,正以智者和强者的姿态在世界经济的海域上从容前行,迎接全球化4.0时代,正如作者说的那样:"全球化4.0不是要塑造一个平行的霸权结构,正好相反,它只是想改进全球化 3.0 中由个别国家一家独大,'有钱任性,有权任性'导致的全球治理结构难以优化和进化的缺陷。"所以全球化不是黑暗森林,它是人类文明发展的必然进程,不管这个进程前方的黑暗中有什么在等待着我们,我们都蓄势待发、充满希望。

破茧方可化蝶

旧的年份已经过去,新的历史将被不断创造,需要我们以强烈的使命感和责任感认清未来的路……

《破茧》(施展著,湖南文艺出版社,2021年1月第一版)一书的封面上写着:"认清当下的我们是谁,我们的所在,我们与世界的关系,才知道在一个波谲云诡、变动不居的时代,如何寻找通往未来的道路。"简而言之,通往未来的路是一条艰难曲折的路,一路上没有谁会惯着谁,唯一要做的就是认清现状,厘清和世界的关系,不管前途崎岖,亦可坦荡前行。

2020年是极不平常的一年,各个领域都受到了来自新冠肺炎疫情的挑战,并产生了一系列连锁反应,惯有的思维方式、行为模式被不断打破,新的元素迅速重组。但适应"新"需要一个漫长的过程,况且它还是社会阵痛的产物。新冠肺炎疫情和以往的"黑天鹅"事件完全不同,切实地影响着每个人的生活,甚至改变了人们的生活方式。这样的公共事件一定能推动社会的发展,带来诸多影响,比如对全球化趋势、社会治理等方面的影响。当很多人还沉浸在新冠肺炎疫情带来的悲观情绪之中,或者还在缅怀疫情前的有序生活时,《破茧》援引大量实例,开始正视现状、分析矛盾和寻找困境的出口。

与传统单一层面的视角不同,施展从历史、现实、学理等多重维度进行解读,并以深邃的思考力、敏锐的感知度、严谨的逻辑感融合大开大合的视野综合多学科知识。在关注内容上,也宕开一笔,着重探讨在风险社会里,如何去除观念遮蔽在现实上的浮云,敢于突破信息茧房,分辨今天许多看似激烈却毫无意义的争论。

陆游《剑南诗稿·书叹》中有一句话叫"人生如春蚕,作茧自缠裹"。作茧自缚的结果除了将自己的视野、格局、思维限制在有限的空间里,获得暂时的安全感之外,只会因闭塞与外界隔离。随着全球化进程的演进,隔离会继续加大差异性。融合有多困难,隔离的弊端就有多明显,个人尚且如此,何况国家地区。所以,《破茧》的双重含义是:大洗牌时代,一方面,需要突破信息茧房对我们格局视野的限制,理解真实的世界;另一方面,既有的治理秩序已经难以应对现实,上个时代的经验和认识框架有可能会失效,新的秩序正在形成。

　　什么是风险社会? 德国社会学家乌尔里希·贝克指出,现代社会已经进入一种风险社会。风险社会的特征是风险具有不确定性,社会分工高度复杂和精细,运转机理复杂,每个人承担着最微小的专业知识,却有可能影响整体方向,甚至造成一个整体的系统性崩塌。风险来自方方面面,常态的风险如影随形地伴随着人类发展,且变得越来越复杂,它不像核裂变这样剧烈易被察觉,而像蝴蝶效应——一只蝴蝶扇动翅膀引来得克萨斯州的一场飓风。这说明什么? 说明世界逐步成为一个整体,正如约翰·多恩的诗:"没有谁是一座孤岛,在大海里独踞;每个人都像一块小小的泥土,连接成整个陆地……因此,不要问丧钟为谁而鸣,丧钟为你而鸣。"没有谁可以置身事外,一切的一切都和我们每个人休戚相关。

　　风险社会需要用什么方式防御呢? 共识。全社会拥有基本共识,是有效应对风险的前提。一个有共识的社会,同样有争论、冲突,因为这是社会演进的动力所在。"求同存异"要有基本的共识,否则合作的规则就失效了,共识的溃散将会引发各种危机。比如,如果没有共识,我们的争论就是基于立场,而不是逻辑,甚至只是宣泄情绪。至于为什么舆论场的共识会丧失,作者提到了公共空间的丧失。

随着社交媒体、移动互联网和推荐算法的出现,在有的人看来话语似乎更自由,表达似乎更畅快,人与人之间的距离超越了物理空间,我们是不是就拥有了更多的空间支配权呢? 实则不然。人们共享的时间和空间结构消散不见,公共空间也不复存在了。我们好像接收到了最新最多的资讯,实际上这些资讯都是基于各自的阅读习惯、喜好而推送给各人的。人们自觉地接受自己喜欢的信息,逐渐进入单向茧房,彼此之间茧房的壁垒也越来越厚。随着壁垒的高筑,不同观点共存也变得困难。在网络上经常有对骂者或者"键盘侠"的现象,看似在讨论,实际上具有建设性的公共讨论能力和意愿已经下降,变成了简单的情绪宣泄。信息茧房在某种意义上削减了"公共领域"的"公共性"。

在一派"我最强""我无敌"般欣欣然的自我催眠中,作者用更加理性的眼光看待目前中国的局势和发展状况,以及与世界的关系。中国发展势头迅猛,既依靠制度优势,又紧抓时代机遇,但我们和有些发达国家,特别是美国等大国仍有着一定的距离。比如,中国有着体量的优势,但缺乏技术创新的优势。

思维也需要破茧。社会共识的撕裂不仅仅是由于信息茧房的束缚,还与观念的遮蔽密不可分。什么是观点的遮蔽?作者提到了观念对现实遮蔽的三种形态:在民族主义的笼罩下,政治领域对其他领域的遮蔽;用意识形态问题遮蔽专业性的问题;关于如何看待中国,人们拒绝承认中国与世界的一致性或中国的特殊性。第一种形态解释了为什么有些问题容易发酵,继而上升为民族主义问题。其中充斥着"封装式思维",就是看不到真实的世界各国在经济、政治、文化等各个领域相互渗透的关系,粗暴地将矛盾双方简单地对立起来。比如,西安市民因为开日系车,在反日游行中被砸穿头骨;或者一个国家的某个企业有反华言论,就对所有与这个国家有关的产品都进行抵制。殊不知,有很多产品由中国进行加工生产,甚至一些品牌已经被国内的企业收购。在极端民族主义者眼中,一切必须从政治的角度进行评判,以政治空间来观察和思考经济、社会乃至文化的问题。

作者对中国的特殊性做了详细的解析,特别是由经济迅猛发展的"外溢效应"带来的一系列思考。中国大量传统行业都是因为规模效应形成了中国逻辑,并催生了中国企业向外扩张的独特玩法,形成一种"外溢效应"。在外溢的过程中对当地的社会秩序、民众的生活方式等都造成了影响。有些"敌意"乃至"阴谋论"与企业扩张有着一定的关系。"周而不比""和而不同",以开放包容的态度面向世界,基于中国的特殊性,化解矛盾是需要不断思考的问题。

本书做到了以宏观的理论观照微观的现实,以宏观的局势观照微观的事件,见微知著,紧扣时代命题。书所涉及的内容其实与我的专业相去甚远,读之却也并不觉晦涩深奥,丰富的史料知识和易于理解的表述向我们架构起由问题、现实和未来共同组成的有机整体,深入浅出,令人有醍醐灌顶的感觉,对一些模糊错误的认识还有拨正之效果。旧的年份已经过去,新的历史将被不断创造,需要我们以强烈的使命感和责任感认清未来的路……

奏响回家的旋律

时光荏苒,到了当代,《小别离2》里背井离乡的孩子们也要背负起乡愁,在他们稚嫩的世界观里,乡愁就是一条能够随意回家的路。

鲁引弓的《小别离》被誉为中国首部直击"中学生留学潮"的现象级小说,随着同名电视剧的播放,媒体热捧程度的与日俱增,《小别离2》(鲁引弓著,作家出版社,2016年8月第一版)一书的出版,即刻引发了坊间一系列关于"中学生留学热"现象背后社会深层次问题的探求和思考。英国心理学家希尔维亚·克莱尔在阐释亲子关系时说:"这个世界上所有的爱都以聚合为最终目的,只有一种爱以分离为目的,那就是父母对孩子的爱。"距离和独立是一种对人格的尊重,但是放在"中学生留学潮"这样的特殊语境下,跨越整个太平洋的距离和承受东西方文化巨大差异的"小别离"是否更多夹带着现实的困境和无奈呢?

这是一部具有典型参考价值的现实主义小说,透过现象,作者描述了人与潮流、人与土地、人与捷径、"反哺"与"输血"四个悖论。为了让细节描摹、人物刻画更加真实、动人,作者鲁引弓飞越一万公里前往大洋彼岸的美国、加拿大接触和采访了众多中国家庭放去留洋的"小降落伞",用更多真实感人的细节阐释得出:其实留洋未必像我们想象的那么一帆风顺或者简单,除了学习的自由度、眼界开阔之外,文化差异、价值观冲突、生存困境,乃至永远割舍不掉的血脉亲情和骨子里的文化基因等问题都活生生摆在孩子和家长面前,比起在国内受教育,他们也许需要付出更多的精力,甚至是代价。小说离现实如此之近,温情背后每个人都支撑着一根根貌似坚强的冰冷支架,这种感觉令人不寒而栗。

《小别离2》也是一部关于中学生留学的社会生活百科全书,它全程讲述了各种交织的爱与悲愁:小主人公朵儿在异国他乡求学过程中在寄宿家庭遭遇与"住妈"(寄宿家庭的母亲)莫莉的文化冲突,在校园里领教了以同学杨冰为代表的辣妹团的孤立,体会身世奇特的小帅哥洛克的温暖,由此生发出无数条辅线。尽管每件事情的结果都是好的,但不难看出"送出去"的困难无处不在,生活并非简单的对错判断题，而是多种情境下的证明题，在作者一环扣一环的论证中，为有意向留学或者正准备留学的家长、学生提供参照，同时，向所有读者呈现一个真实的社会横切面。

《小别离2》采用了时空交错的叙事模式，一边是大洋彼岸的现实困境，一边是此岸的焦虑忧心，二者或交错，或齐头并进，让叙事结构更加完整，情节更紧凑。《小别离2》在情感上承接了上一部的脉络，时不时放一个催泪弹。比如，描写方园、海萍空巢心理时的画风是这样的："其实在这间屋子里，自从朵儿去了那边之后，留下来的两个大人真的就像空巢的两只大鸟了，好多乐趣似乎都被那个小人儿带走了，留下他们每天张望、念叨彼岸自家的小身影。"这其实是中学生留洋后国内无数个"空心家庭"的缩影。从"去与不去"到"回与不回"，情节在两难境地中推进，映射千家万户各自的忧愁。同时，小说第二部较第一部在话题上有所提升、推进。如果说第一部主要讲述的是三个不同阶层的家庭如何舍弃短暂的亲情团聚让下一代去大洋彼岸开启一段崭新的人生旅途，重点探讨了中国教育之殇、生存环境之痛，那么《小别离2》则把更多的笔墨着力于孩子身处异乡时感受到的生活、文化、价值观差异，以及在面对由此差异引发的重重矛盾时各个家庭的应对态度和处理方式,除了反思第一部的命题外,还融入了情感的归属、文化的皈依等母题。

这个话题为什么会引起全社会的共鸣?除了它应和了当下的潮流之外,还因其提炼了当代人面对的前所未有的"教育乡愁"这个时代命题。"教育乡愁"从字面理解是因教育问题产生的远离家乡的情感表达,即使是第二代华裔妮娜也无法逃避这种与生俱来的情感归宿。曾经,余光中的乡愁是"一枚邮票""一张船票"……时光荏苒,到了当代,《小别离2》里背井离乡的孩子们也要背负起乡愁,在他们稚嫩的世界观里,乡愁就是一条能够随意回家的路。作者用简洁、质朴、平实的语言描摹出了跨越大洋两岸的人情悲欢、文化碰撞、价值冲突,直指当代人面对的"教育乡愁"这一崭新命题。

"自古多情伤离别",《小别离2》在别离的基础上衍生出来对故土的依恋,对亲情的反思,对中西文化冲突的体悟,对传统价值观被颠覆的迷茫,对成长之痛的叹息,在异国与中国上空遥相呼应,一直萦绕着"回家"的旋律。

家长需要和孩子一起成长

　　"小棕熊"系列绘本蕴含了法国儿童教育的重要价值观,能够让孩子在父母的关爱和培养下,变得更独立、自主,让孩子在父母的保护和引导下,大胆地发现新世界,体验新生活,感受新奇与美的力量。

　　说教是很多中国家长的特长,无师自通,连篇累牍,不管孩子是否能够接受,家长都会把道理源源不断地输送给他们。台湾作家刘墉说:"成长是一种美丽的疼痛。"结果,家长只触碰到了成长之痛苦,却无法体会孩子成长的美丽瞬间,那些被填鸭式教化的孩子,依旧还是"熊孩子"。问题出在哪儿?

　　如果不想让孩子渐渐变成"熊孩子",不妨领着您的孩子去一只憨态可掬的小棕熊家里度过一段美好的亲子时光吧。就如《苏菲的世界》作者、著名作家乔斯坦·贾德期望的那样:最明智的父母,一旦给孩子吃饱穿暖之后,接下来最重要的事情,就应该去为孩子们挑选出最好的书,带回家来,放进他们的卧室里。也许有所收获的不仅是孩子,还有迷茫的成人们。

"小棕熊"系列绘本包括《小棕熊的成长故事》(玛丽·奥比奈等著,丹妮埃尔·布尔等绘,张涛译,商务印书馆,2016年12月第一版)和《小棕熊的大事件》(埃莱娜·塞尔等著,丹妮埃尔·布尔等绘,张涛译,商务印书馆,2016年12月第一版)等,讲述的就是一只虽然有小缺点却不失可爱,虽然懵懂无知却有奇思妙想的小熊。小棕熊在新奇的世界里跌跌绊绊、走走看看,它所经历的点点滴滴正是映照成人世界的反思之镜,也是现实世界中孩子成长的参照。所以,它完全适合作为亲子读本。

在《小棕熊的成长故事》中,小棕熊多么可爱,它是一只爱爸爸妈妈、爱冒险、有好奇心、有脾气、爱学习、爱探索的真实小熊。它的生活多么美妙:喜欢骑自行车的飞翔感而不觉一丝害怕;喜欢弹着小吉他享受音乐的美妙;喜欢在雪地里飞奔。它又多么懂事:在妈妈的提醒下刷牙,听妈妈讲完睡前故事睡觉,帮妈妈晒被子。看完之后我们的心都瞬间柔软了。当然,它也会因为心情不好发脾气,会因为小伙伴嘟嘟不见了急得团团转,会因为摔破了膝盖哭得稀里哗啦找妈妈。小棕熊完成了它生命里无数个第一次:第一次发现,第一次出丑,第一次帮忙,第一次探险……所有的第一次不正是我们的孩子日常生活的投射吗?而小棕熊像一个忠实的小伙伴,让孩子看到了自己的影子,感到亲切和温暖,从而接受不完美但真实的自己,学到勇敢、自信、善良等美好品质。父母也可从小棕熊的爷爷奶奶、爸爸妈妈身上学到教育孩子的方法,教他们如何面对困难、处理问题,教他们如何变得礼貌、变得勇敢,教他们如何对自己和朋友负责,等等,同时学会给孩子适度的空间、爱与包容,用爱与智慧去解决成长路上的问题。

如果说成长的故事是生活琐事的集合,那么《小棕熊的大事件》就是每个孩子和家长心中的成人礼。《小棕熊上幼儿园》对应孩子上幼儿园的分离焦虑,《小棕熊等待圣诞礼物》《小棕熊过生日》对应孩子在节日里的朝圣心理,《小棕熊学滑雪》《小棕熊会穿衣服了》对应孩子成长中的里程碑事件,这些统统反映了家长的期望与孩子的欣喜,这些所谓的"大事件"是家长和孩子共有的秘密,是值得纪念和铭记的美好瞬间。

"小棕熊"系列绘本引进自法国巴亚出版社,是法国畅销四十多年的经典儿童读物。千万别小看了这只小棕熊,它在法国深入人心,家喻户晓,影响了一代又一代法国儿童,引进这个系列是商务印书馆 2016 年最大的动作之一。"小棕熊"系列绘本蕴含了法国儿童教育的重要价值观,能够让孩子在父母的关爱和培养下,变得更独立、自主,让孩子在父母的保护和引导下,大胆地发现新世界,体验新生活,感受新奇与美的力量。

成长与爱的启蒙

"将这些故事画到纸上的那些日子里,我得以有机会思考原本可能被虚度的生命的意义。"

日月更替,季节变换,在无数个重复的日子里,发生着一件件再寻常不过的小事,当然也包括橡子和落叶的故事。在萧索的秋日,它们看似漫不经心的对话却轻轻触碰着我们敏感的神经,让人觉得新鲜而有趣,真挚而值得回味。

由韩国著名作家安度昡和画家李惠利联手打造的经典绘本——《关系》(徐祯爱译,华中科技大学出版社,2015年11月第一版),是一本饱含深情的探索成长与爱的关系的绘本,是一个蕴含哲理的童话,是一首充满童趣的散文诗。这部绘本语言凝练而富有诗意,插图精美,引人入胜,不仅适合儿童阅读,同样也能让成年人有所反思。

故事以橡子的第三人称视角拉开序幕：橡树上掉落的一颗橡子被树叶包裹，在树叶的庇护下，躲过了老爷爷和老鼠的捡拾，在经历了漫长的严冬后，橡子的朋友树叶渐渐腐烂死去，橡子却发芽成长，获得了新生。橡子从树梢掉落茫然无助时，落叶紧紧地拥住它；橡子渴望用蛮力挣脱坚硬的外壳时，落叶轻柔地引导它；危险来临时，落叶又不慌不忙地侧身为橡子掩护；橡子担惊受怕试图放弃时，落叶又给予它充满力量的鼓励；橡子将要破壳而出承受痛苦时，落叶用尽最后的力气拥抱着它，安慰它："很痛吧？再忍忍就好了！"在这种不慌不忙的简单叙事里，在橡子从困惑、恐惧、沮丧到恍悟一路走来的深刻感受里，我们能触摸到书中爱的温度和力量。

橡子和落叶的关系，就像圣埃克苏佩里笔下小王子与狐狸的关系，从他们的对话中，会萌生出一种新的、美好的向往，在这种彼此关照和爱的关系里他们也完成了各自的蜕变。成长是弥足珍贵的瞬间的组合，除了个人的付出，还有集体的力量和他人的帮助，以及在此基础上建立起来的爱的关系。其实，每个人穷尽一生都在寻找各种温暖的关系，在这些关系里让自己变得温暖并带给别人温暖。看到过这样一句话："人与人之间最低的关系是相互掠夺，然后是互利，再然后是互助，最高的是奉献关系。"反观现实社会中各类复杂晦暗的关系,橡子和落叶的温情互动更加难能可贵。

这还是一本体悟生命轮回意义的启蒙读物。橡树在悄无声息地成长,新的轮回故事开始。这个轮回的意义贯穿在腐朽的落叶和埋在落叶间的橡子的故事里,贯穿在被埋在雪里、等待发芽的橡子和终将成为落叶却依然破土而出的新芽的故事里。《疯狂动物城》里每个动物都有无限可能,《关系》中同样诠释着生命轮回中每个羸弱的个体都有无限的可能:等待与坚守,死亡与重生,幻灭与希望,终会有破壳发芽的那一瞬间的到来。在作者的心中"一粒橡子里蕴含着一棵小橡树",这颗橡子像深夜里大海上的一座灯塔,指引着年轻的船员、经验丰富的舵手勇往直前、不惧风险。

在《关系》里,我们听到一个诗人发声,看到一个画家描绘图景,二者珠联璧合。安度昡擅长把波澜不惊的生活写得富有童趣、意蕴深刻,把普通的人物刻画得灵动鲜活;而李惠利在《关系》里用简洁的色彩、线条表达出丰富的情感层次和生命哲学,她说:"将这些故事画到纸上的那些日子里,我得以有机会思考原本可能被虚度的生命的意义。"

让杂文快乐奔跑

如果你的双耳被一波一波的大道理磨得早已起茧，被循循善诱得早已麻痹，那么请走进《乐腔：陆春祥杂文自选集》，快乐地感受不一样的腔调。

喜欢陆春祥的作品，是因为他的文字轻松幽默，充满了快乐的味道，让人不费周折就能心甘情愿地接受他想表达的东西：或是一些道理，或是一种思绪，或是种种看法。在这个什么都讲究速度的快餐式社会里，既要兼顾速度又要兼顾品质，实在难能可贵。

现在的人看书总是有一个坏习惯，就是开头看得兴致勃勃，在过程中逐步慵懒倦怠，到结尾早已不知所向。这都还算是好的，更有甚者，翻开扉页之后就将其长放案头，再无精力和时间继续阅读，是失去兴趣使然？还是现在的作品确实像足了形容枯槁的老人而使读者意兴阑珊？也许两者兼而有之吧。陆春祥的杂文作品不仅忠于他内心要表达的东西,还能让读者快乐阅读。之前的《字字锦》,也是从现代视角以轻松幽默的笔调解析了中国古代的经典作品,如《东坡志林》《容斋随笔》《郁离子》等,将其中的哲理,用通俗易懂的语言娓娓道来,发人深省。

《乐腔:陆春祥杂文自选集》(金城出版社,2015年1月第一版)是由作者历年来优秀的杂文精选而成,主书名顾名思义就是快乐的腔调,这种腔调也是作者的行文态度。全书分为三个部分"正腔""乐腔""荒腔"。所谓"正腔",作者认为就是循规蹈矩、有理有据相对比较传统的写法。像《被中介了的名人》《被物化了的幸福》《金钱是一种思想形式》等,都有针砭时弊的味道,却不失风趣,语言虽绕得远却总是能自然地围着主线转回来,这根主线便是这部书中蕴含的批判性和建设性意见。对于很多我们想说却讷于表达、怯于表达的哲理,作者却驾轻就熟地表达出来,像在《我们为什么迷失了回家的方向?》一篇中,就把"精神迷失"这个巨大的哲学命题变成很小的切入口来阐述,有趣且容易被接受,又不显枯燥,这一部分中这样的文章俯拾皆是。第二部分"乐腔",特别体现了作者近年来的写作风格,既反映出人生的酸甜苦辣,也关注到社会的喜怒哀乐,笔调延续"正腔"的轻松有趣,并且有过之而无不及。阿Q、凡·高、雍正都可以成为他笔下的"乐腔"人物,当然,他关注的焦点因与众不同而显得更鲜活、更真实。第三部分"荒腔",作者认为有点肆意、荒唐的意思,实则自谦之意,表面上说是走调的意思,实际上是把正经文章游戏化,就算是严肃认真的问题,也未必就非要摆出咄咄逼人的架势向读者说教,以"荒腔"的形式同样能达到预期的效果。三种腔调逐一递进,融为一体,整体叙事语言简洁活泼,阐述道理丰富深刻。关键是我们还能在这些信息空间掌握很多历史、现实知识,虽然没有名人名言的层层深入,也没有故作沧桑的说教,仅仅像唠家常一般和读者聊聊天,就把道理的线索捋得清清楚楚。

读《乐腔:陆春祥杂文自选集》,有一种感觉,原来杂文也可以这么妙趣横生;有一种收获,原来悲剧的另外一个视角是喜剧。如果你的双耳被一波一波的大道理磨得早已起茧,被循循善诱得早已麻痹,那么请走进《乐腔:陆春祥杂文自选集》,快乐地感受不一样的腔调。

初心、素心与匠心

时代瞬息万变,淘汰的是无足轻重的东西,工匠精神、工匠一脉,不仅不会消逝,反而会历久弥新,绵延不绝。

把一件事做到极致,胜过把一万件事做得平庸。这看似是简单的质与量的权衡与取舍,时至今日,已然可以看作与这个追求效率、讲求速度的快节奏时代的持久博弈。周华诚在著作《造物之美》(广西师范大学出版社,2017年1月第一版)中以其一贯细腻的笔触、敏锐的观察、诗意的表达、流畅的行文,向我们展示了生活需要这种极致之美:因为迭代往来间,传统与现代、匠人与机器、传承与创新,从来不冲突,它们的结合反而会催生新业态。

《造物之美》是一部寻访录,形成于周华诚等人于日本寻访匠人匠心之旅,记录了作者的所见所闻、所思所感。全书由"以物抵心""一物入魂""洗练返真""行必能至"四个部分有机构成,各部分独立成篇又相互勾连,相互渗透。所涉及者,大至著名企业松下公司,小至京都的一家点心店;既有工匠精神的典范——日、德制造,也有国内绵延不绝、坚守匠心的守艺之人。

其中,令我印象最深刻的便是作者反复提及的:初心、素心与匠心。

不忘初心,方得始终。当初盛极一时的工艺、物件经过岁月淘洗,依然被坚守是怎样的力量在驱动?小小的日本,竟然是世界上拥有长寿企业最多的国家。创立于578年的金刚组,是世界上最古老的企业,金刚组第四十代首领金刚正和说:"我们公司生存这么久其实没有什么秘密,坚持最最基本的业务才是生存之道。"而这,就是人们常说的"初心"。凭着这颗初心,才有"月桂冠"的清酒,用一等好米,用一等好水,酿出飘荡三百多年的酒香余韵,才有"开化堂"八木隆裕静守时间深处叮叮当当的敲击,才有了神社外古树边香了一千年的小麻薯……

素心,素直之心,日语中的"素直",大概表示一个人坦白纯真、心地诚恳。著名管理专家和并购专家王育琨曾说:"日本'老字号'前瞻性怎么如此之强?他们怎么能从一瓶小小的酱油,看到一个巨大生态链的延展?因为背后的素直之心,那是与事物机理相通的心,随顺自然的心,不受私利、功德、名声的侵染。这是工匠精神的人格基石和灵魂。"在这一场器物与人的灵魂接触与交谈中,隐没在现世繁华中的古老器物和手艺,不断以新的姿态发光。不难看出,这些"职人"对祖宗传下来的这门手艺心存敬若神明的虔诚和谦卑:研究马桶有对厕神的敬畏,研发电饭煲有对种田艰辛的感知,他们用敬天、惜物之心对待自己的工作。稻盛和夫说"敬天爱人",松下先生说"保持一颗素直之心",说的都不是企业经营的方法论,而是深刻的为人之道。《庄子·天地》中:"功利机巧,必忘夫人之心。"只有坚守素直之心,才能辨认事物本来的样貌,还人最初的体态和嗅觉,由此容纳世间万物。

匠心,是一种倔强的坚守,还是一种近乎执拗的偏执?唐人王士源在《孟浩然集序》评论:"文不按古,匠心独妙。"这里的"匠心"说的乃文法之妙。林徽因先生在《晋汾古建筑预查纪略》中这样说:"我们夜宿廊下,仰首静观檐底黑影,看凉月出没云底,星斗时现时隐,人工自然,悠然溶合入梦,滋味深长。"这里的"匠心"说的是古典建筑传统坚守之美。在日本工匠看来,匠心是体悟物性,顺应自然,《造物之美》说到"小笹"的经营之道，说起来简单，做起来却难，那就是："要有一颗匠心。"而文中直指："每个人的匠心，就是对待生活的用心。"书中提到几年前一部纪录片《寿司之神》让大家重新认识了寿司和小野二郎。捏一个寿司有多难？捏，只是寿司做成的最后一步，其实在捏之前，客人看不见的前期工作，才是重中之重。你无法想象一个马桶盖、一个电饭煲的背后是无数匠人撑起的心无旁骛的精神世界，那是匠心营造的精神空间。

赤木明登有一部《造物有灵且美》，讲的也是匠人匠心。两位作者均意识到了日渐式微的传统技艺需要一个出口，试图用文学的名义唤起沉睡的记忆。不同的是，赤木明登所叙述的是日本的匠人，他坚信每样器物的背后都有一个灵的故事，因缘而遇，侧重的是万物皆有灵和在灵的意志下的美的叩问，打的是感情牌，且个中禅意更浓。周华诚的《造物之美》通过日本的职人、中国的匠人，把视角转向传统与创新的融合、新老匠人的迭代、现代化企业与传统作坊的共存发展等方面，提出了值得我们民族工业思考、探讨的深层次问题。

作者第四部分"行必能至"这一名字取得也是颇具匠心，取自《荀子·修身》"道虽迩，不行不至"，且以"必"字强调对未来匠心与传统延续的期许，以不变的匠心，拥抱这个变化的时代。时代瞬息万变,淘汰的是无足轻重的东西,工匠精神、工匠一脉,不仅不会消逝,反而会历久弥新,绵延不绝。对初心、素心、匠心的叩问,难道不是我们未来共同的属望吗? 就像书中提到的那个时间仓一样,想想我们能为未来留下什么。

转境编

世俗沉浮中的自我救赎

救赎是为了获得重生，自我救赎才是唯一的出路。

小说《面具女郎》(俞梁波著，东方出版中心，2018 年 7 月第一版)贯穿着十七个梦，在现实和梦境的交融中讲述了一个屈辱和泪水，温暖和希望的故事。这个故事是主人公白丽的自我救赎历程，也能带给读者许多人生启示。主人公白丽的父亲是一个一辈子都围着锅炉房转的锅炉工，除此之外他有个特殊身份——侏儒。在他的一生里，有两样又爱又恨的东西：一样是像对待自己孩子一般用心呵护的锅炉，而他最后死于锅炉爆炸；还有一样是白丽的母亲，他宝爱的女人，他被她一次次伤害仍飞蛾扑火般执拗地守护着她。白丽就是在这样的家庭环境中长大的，她敏感、倔强，内心深深渴望着亲情、爱情和别人的尊重。她亲眼见证了父母的不幸婚姻，经历了父亲死亡、母亲发疯的变故，被车间主任儿子侵犯，慢慢堕入风尘。

她在成长历程中饱受伤害,生活的残酷和冷漠像利刃一般一次次割破她辛苦撑起的希望之帆,但冥冥中白丽从未放弃对美好和爱的追求,这些也最终给予她无穷力量,让她攒足勇气去摆脱秽亵阴暗的生活,挣扎向阳,逆流而上。

"面具"是边缘人群辨认身份的暗码,反复出现在主人公白丽的记忆中:"'你有几张脸?'她像个大人似的背着双手问。……她踢了一块离群的煤,歪着头说:'我知道你骗我的,你有两张脸。你脸上戴着一个面具。'她喜欢'面具'这个词。""她甚至怀疑师娘的这张脸也是假的,这么些年来总是这样冷冰冰。她肯定戴上了一个面具。"这时,面具在一个不谙世事的孩子眼中,是大人不同情感流露的模样,作者勾勒出孩子脑海当中对面具最初的印象。小说中的"面具女郎"就是从事特殊职业的女性的代称,虽然面具是她们职业中一种故作神秘的诱惑手段,但戴着面具还能维护自己最后的尊严与底线。实际上,面具既可以伪装一个人的身份,也可以演绎成人性的两面。即便摘下面具后,白丽也不自觉地为自己戴上了一个隐形的面具,守护她爱的人,"在刘原面前戴着面具才能让她心里踏实"。面具不仅仅是主人公白丽专属的,也可以理解为文中边缘人群的一种特殊身份代码,对外示以神秘,对内辨认自我。俞梁波在这部小说中,描摹了由主人公白丽串联起来的边缘人物群像,呈现不同类型的边缘人群的尴尬境遇,他们在悲凉的人生底色上倔强地活着:因外貌奇丑被社会边缘化的侏儒父亲、情感上放荡而被视为异类的母亲、貌似成功人士实际身患隐疾的总经理曹刚、被迫沦落风尘的小米,还有车间主任的傻儿子。对于这些人物,不能单纯地用良善和凶恶的道德标准去评判,作者在一旁完整地记录下这些边缘人物如何在夹缝中生存,在挣扎中做选择。

时代洪流中小人物沉浮如萍。居住在第一宿舍区的是处于单位顶层的领导们,居住在第二宿舍区的是单位的中层干部和班组长,居住在第三宿舍区的是所谓的"贫下中农",即最底层的工人,厂区由此构成了一个微缩的社会生态。在这种生态下,人们都希望有朝一日可以出人头地,哪怕多收一个徒弟也未尝不是一种荣耀。宿舍区的这些人为各自命运奔忙的时候,社会却在发生着翻天覆地的变化:1958年的大集体企业在1990年已经不堪重负了,陈旧的设备,单一的产品,僵化的销售渠道,拖沓的管理,让曾经蓬勃一时的大集体企业逐渐瓦解,在变革的轰鸣中只剩下一些零碎的声音,甚至可能激不起一点声响,比如父亲在锅炉爆炸中死亡的事情草草了事,好像他压根儿没在世界上出现过。小说中出场的各色人物性格迥异,形象饱满立体,命运殊异,他们微不足道的人生成为一个时代的缩影,小小的厂区生态和其裹挟的各色小人物即刻便被淹没在时代的滚滚洪流中。

梦境和现实的交替折射出主人公内心的挣扎。现实和梦境不断融合与碰撞,在每一个梦境中,她都像一个溺亡者,当十七个梦终结的时候,白丽的抉择也已经浮游上岸。如果说白丽在现实世界中感到无助,那么梦就像是她灵魂短暂栖息的江心屿,离奇的梦同样隐含着生活的不易。梦中的"我"是颓丧的,坐在墙上怕摔下去粉身碎骨,深陷泥地想自救而不能,一直找不到自己的眼睛,一直在哭……白丽在梦中无止境地重复着这种惧怕,潜意识里她想求助,哪怕是一盆肮脏的污水,也似乎有一个人牵着她的手,只不过依然在漆黑的下水道中行进,现实世界在她梦里是冷漠的、可怕的。

当然,梦里也有她熟悉的地方和人物。在第十二个梦中白丽感觉自己被关在一个火热的炉子里,火永远烧不死她,她像蝴蝶一样飘出了炉子,飞了很远。焚烧意味着自我净化,更意味着化蝶重生,所以,熊熊燃烧的锅炉竟比冰冷的世界更亲切。梦里有她熟悉的人,那个伫立在河边白发苍苍的女子,是母亲,是妹妹,或者是"我",她们融为一体,指引着主人公的梦或者说思想走向。白丽在第十七个梦中梦到"到处都是人……我走过去的时候,发现人们像潮水一样散开了"。这些如潮水般的人是第三宿舍区那些嗑着瓜子聊着闲话的妇女,那些满身酒气满口醉语的男人,还有铁壳船上经年累月来往的船家,他们随着潮汐时涌时退。

救赎是为了获得重生,自我救赎才是唯一的出路。小说里每个人都在寻找出口,有人成功了,有人失败了。其中不得不提白丽的父亲和母亲,白丽的父亲天生是个侏儒,他具有特殊的身份,爱而不得的悲伤,以及为了捍卫爱情表现出来的才华和智慧。在这个凉薄的世间,他如此深爱着这一切,他走得很孤独,那条长满杂草、堆着废铜烂铁的路,就是他的人生之路。父亲一直明确地知道自己想要什么,在与情敌完全不对等的较量下,他显示出了非凡的毅力与魄力,也令对手刮目相看。虽然结局悲惨,但他在拯救自我的过程中完成了人格的升华,传递给白丽和母亲一种坚实的救赎之力。

白丽的母亲,原本对爱充满幻想,因为遇人不淑惨遭抛弃。母亲的内心从来没有停止过追求自己想要的生活。她一次次滑入的那条轨道,是她的不甘在作祟。她爱的两个男人阿宝和小木头,也许给过她幻想和短暂的欢愉,但是最后都毫不留恋地抛弃了她,而她一次次把感情托付在这样的人身上,试图拯救自我。结果,只有被母亲嫌弃的父亲不离不弃地呵护着她。当白丽听到了病床上母亲的声声梦呓,她心想母亲也许是在忏悔;等父亲的遗像躺在母亲的胸前,他们心与心交融了,母亲在那一刻彻底放下了几十年来内心的不甘和放纵,与命运和解,真正感受到了温暖,拯救了自我,而这对白丽来说又何尝不是一种释然,她仿佛看到自己重生的一道亮光从罅隙中闪了进来。

不难看出一开始主人公白丽的自救是怯懦的、不彻底的,这种怯懦既来自原生家庭和社会的伤害,也来自主人公内心世界的软弱。所以,开头从噩梦中惊醒的白丽,面对父亲一遍遍的逼问(此时父亲早在多年前就去世了),这种灵魂的拷问更像是自我盘问,让自己一次次坚定意念。在这种自我拯救的过程中,挣扎是最明显的特征。面对亲情,她将对父亲的依恋、对母亲的爱恨、对妹妹的怀想都放在心底。她羡慕着他们的执着,又惧怕被伤害;面对爱情她也是自卑的,"她走着,身体变得轻盈,像失去了灵魂",她一度在刘原的温情感化下试图接受这份爱,却因为再次遭受误解而重新堕落,这也间接地证明主人公对情感的不自信。一边是险恶的生存环境,一边是无数交织的温情,它们在白丽的心中升腾发酵,静待时机破土而出。

父亲的脸在墓碑上隐现,他说:"你一定要找到芬,只有她才让我觉得我活着的时候多么幸福。任何人都无法取代她。"妹妹和父亲虽然没有血缘关系,她是母亲和小木头私通的牺牲品,但实际上她与父亲彼此相惜,他们的身上都流淌着与生俱来的寂静,像父亲身上缠绕的烟与水汽。妹妹的失踪或者死亡从未被证实,却像一个梦魇一样一直纠缠着白丽。妹妹是纯洁的、善良的、勇敢的,也是白丽渴望的另一面,所以在她的梦里反复出现妹妹,以及与妹妹失踪有关的河。河是妹妹活着与快乐的证明,也是白丽的精神寄托,小米于白丽而言是妹妹的象征,她的出现让白丽感到一丝尚存的温暖,保护好她似乎弥补了白丽内心对妹妹的亏欠,也完成了父亲的夙愿。所以,最后小米因毒品而死,白丽最后的寄托化为泡影,这件事让她幡然醒悟,举报了毒贩昆虫,也完成了真正意义上的自我救赎。

白丽觉得一生中最美好的时光也许就是在锅炉房外吧,一些马尾草从煤缝中钻出,接纳阳光,承受雨露。这一刻,尽管旧事物垂垂老矣,但新生的力量柔嫩向上,生动而美好,从未消逝……

理想的济世激情和现实转境

"我承认,这是一个可笑的故事。我也没有勇气否认它的愚蠢与荒谬。"

有人说须一瓜是写人性的高手,她的多数作品以犯罪为题材,她像潜伏在犯罪现场的侦探,洞察着人性的真实,常令读者捧腹之余陷入深思,感知笑泪之中的无奈与伤逝。

《致新年快乐》(上海文艺出版社,2021年1月第一版)是她的最新力作,在这段令人啼笑皆非的故事里,有着不谙世事的荒腔走板和懵懂荒唐的济世激情,在黑暗的夜空散发着极光般的魅力。须一瓜以女性作家的敏锐感知,将人物情感描绘得细致入微,氛围营造得丝丝入扣,情节推进得严谨有序。面对人物的悲惨遭遇和后来的一系列癫狂行为,叙述者时而戏谑,时而同情,让故事基调在窒息和放肆的两线间随意切换。

小说讲述了一个从小有警察梦想和音乐理想的青年成吉汉,接手了父亲的新年快乐工艺品厂后,将之变成了自己招兵买马、实现童年英雄梦想的实验场的故事。曾当过警察却因受诬陷而被开除公职的猞猁,曾遭流氓侵犯,从此对不良人员恨之入骨的假小子边不亮,因脑子迟钝而饱受欺负,从而羡慕警察威风的双胞胎郑富了、郑贵了,一群各自有不堪往事的年轻人,因缘际会走在一起,归入成吉汉的麾下,成立"芦塘青年义务反扒志愿队",一段充满荒诞色彩的热血之旅随之开启。他们自觉地承担起了部分警察的职责,甚至比真警察还要负责,有时还假冒警察做一些他们认为替天行道的好事,诸如,在幼儿园血案中勇斗持刀歹徒、制服摩托抢劫帮、智破飞天女扒手团等等。当他们的行为获得管理者的默许、群众的拥护、舆论的认可时,他们的自信心不断高涨,直到逾越边界,在悲剧中戛然而止。

《致新年快乐》以"我"——主人公成吉汉妹妹的视角展开,她和其他人始终保持着既亲近又疏离的距离。她和其他人一并走进新年快乐工艺品厂——不妨说它更像个造梦工厂:粗粝的土黄色方石门柱,涂着白色钢琴漆的铁艺大门,维纳斯踩贝出水的雕塑……在妹妹的回忆中,"整个厂区看起来,就像一张立体的新年贺卡"。工艺厂位于芦塘镇青石水库的东边,偏僻安静,像被遗忘在尘世的幻境,如同成吉汉带领的这帮做着警察梦的青年,与周遭现实世界格格不入,又极其渴望获得现实认可。最后,新年快乐工艺品厂被转让,离开资金场地支持后,反扒志愿者队伍随之解散,梦幻之境轰然崩塌。从这个意义上来说,新年快乐工艺品厂是一座浮在现实世界的孤岛,或者说是现实的幻境,它与小说中的那帮人相互依存,更赋予了现代版堂吉诃德存在的场域合理性:行侠仗义、仗剑走天涯,试图以匪夷所思的行径建立自己的乌托邦。随着梦境滑向破碎边缘,镜像里的世界和人一并消失。

从传统的角度很难将这群人定性为好人还是坏人。他们是现实世界的弱者,却以反常的方式对抗现实世界,试图成为强者。他们自诩正义的化身,把车上扒手、商铺小贼,以及路边偶有的打劫的、抢夺的、套铅笔圈诈骗的,统统扭送到芦塘警察局。他们经常自觉配合着警察的行动,包括去养老院慰问,给派出所送慰问空调,等等。但有时,为了获得尊重假冒警察,违反法律;也在面对公权力的诱惑时,把持不住。他们或亮堂、或阴暗、或自私、或狭窄的心理随着剧情的推进不断变化。在须一瓜笔下,每个人物的情感都比较复杂,并非一种感情一以贯之,须一瓜对其不幸遭遇抱有怜悯,对其在法律边缘的越轨行为又睥睨之。每一个人物形象饱满而立体,作者对人物外在形象的刻画、人物内心的描摹都不遗余力,将他们坚强背后的脆弱如沉疴般打开:一向冷酷无情、沉默寡言的狷狃为了又爱又恨的女友尝试着做不同口味的鱼;目光凌厉拒人千里的边不亮,在健身房向狷狃说出那段不堪回首的往事时的撕裂……须一瓜以女性独有的细腻和含蓄观照着人物的伤痛。

小说写出了高光的转境时刻和现实的不堪一击。"转境"是佛家用语,佛语说:"境随心转则悦,心随境转则烦。"人的心和境的关系极其微妙。小说描写的这群人因为自身或外界的因素都怀揣着警察梦,他们在伤痛中试图改变自我,改变周遭,乃至用生命改变所处的困境:"总有人只为生命的荣耀而战,总有些傻瓜,一辈子目光远大,只看到远方诗性的光芒,永远看不到自己一脚狗屎。"有私心也罢,有个人英雄主义情结也罢,他们享受着转境时刻带来的人生高光。转境时刻毕竟过于邈远,时时受到来自现实的牵制和人性的局限。现实管理者对这支队伍持暧昧的态度,因为他们让偷盗抢劫闻风丧胆,降低了犯罪率,所以对他们的行为睁一只眼闭一只眼,默认了他们行动的合理性,并赋予了他们一些特定的权力。监管者的暧昧态度促成了灰色地带的形成,也间接导致最后银行抢劫案悲剧的发生。"公权力对人的侵蚀,比铁块生锈还容易。"郑氏兄弟一开始假冒警察,他们的认知就逐渐发生了变化,随着加入新年快乐保安队之后,他们继续享受着这一假冒的身份带来的快乐。成吉汉和边不亮虽未收受贿赂,但也早就超出了一个志愿者的本分,让自己处于违法的边缘。转境时刻在人为因素的作用下悄然开裂。现实因素诱导着、腐蚀着转境中的每个人,在内因外因的共同作用下,暂时的稳定被打破,一个偶然的事件直接导致了镜像的破碎,孤岛至此沉没于现实的深海。

贯穿整部小说的背景音——古典音乐,让人物原本苍凉沉郁的人生显得激越美好,充满美好的属望。一群不着调不靠谱的人,在成吉汉的带领下开始聆听古典音乐,粉蒸排骨需要合适的音乐才能蒸出味道,猞猁都会让音响室循环播放威尔第的《凯旋进行曲》,愚笨的郑氏兄弟也学会了用口哨吹出《威风堂堂进行曲》,拉赫玛尼诺夫的《帕格尼尼主题变奏曲》让阿四蒸出美味的包子,成吉汉飞车追赶抢劫犯在马勒《第五交响曲》的致幻作用下近乎癫狂……戏谑的语调中却带着认真和一股淡淡的忧伤,就是这群荒腔走板的人以他们独有的思维和态度与现实对抗,他们的结局不是因果善恶的报应,只是一切应然的落幕,古典音乐曾是他们聊慰伤口的药,最后是他们一路荒唐的悲歌。

　　一腔孤勇带着悲伤意味的故事，如梦里人生在现实落幕。就像开头说的"我承认，这是一个可笑的故事。我也没有勇气否认它的愚蠢与荒谬"。与现实的幻境相比，那些曾与社会格格不入的英雄主义反而更值得被记起。

天地间的混沌与亮光

当圣哲的声音再次从历史中传来，历史真相启迪和指引着后世，哪怕再微弱的光，都将汇聚成漫漫长河里的火焰。

历史，总有些明灯在不同的时期照亮着来路和去向，或明或暗，周公之德，孔子之仁，孟子之义，荀子之礼……圣哲们的思想和灵魂之光，虽然在漫长的时光中稍显寂寞，但终究能剥开混沌的天地。

《寂寞圣哲》(鲍鹏山著，东方出版中心，2000年4月第一版)像一场跨越时空的对话，让读者走进圣哲清寂而阔达的精神世界；又如一幅幅逼真的古代圣贤群像图，通过作者鲍鹏山风趣辛辣、充满巧思的叙述，深入浅出的描摹，个性化的解读，将形态各异的诸子从历史舞台释放出来，成为故纸堆中流动的符号。

《寂寞圣贤》辑录了在《美文》杂志上连载的"再读圣

贤"专栏的文章。当时,贾平凹先生是杂志主编,穆涛先生为常务副主编。贾平凹在出版序言便提及:"敢谈圣贤,绝不是鸡零狗碎的人要干的事,但要写得不是所谓很学术的书,又不是那种黑幕文字,却不是谁都可以得心应手的。"就这一点而言,作者不仅得心应手,还游刃有余。谈历史人物,既出于他对笔下圣哲深怀的敬意,也少不了将历史人物揣在怀里焐热的态度。

自 2000 年出版,十几年来,这本书不断再版,深受读者喜欢,鲍鹏山说面对这等情况不知该喜还是该忧。有同样的读者欣赏他的作品,因同样的现实焦虑而有了共鸣,作者找到了和读者最好的默契,是令人欣喜的。但这么多年过去,经过一版再版,依然还有很多读者青睐他的这部作品,似乎那些令人焦虑的现实并未有所改变,而且有蔓延并变本加厉之势。作者 2014 年的新版自序的最后一句说道:"一本谈历史的非学术性著作十几年后还在出版,还有那么多的读者,作者可能不该为自己高兴,而应该为时代悲哀。因为,这种现象未必证明作者的高明和作品的经典,可能倒是证明了时间的停滞和社会的蹒跚。"

圣哲是很难解读的,他们在不同历史时期的意义也并不相同。

圣哲的寂寞既来自内心,也出于历史原因,他们的激进和社会蹒跚并存,所以思想家也是孤独的。颠沛奔波、欲挽狂澜终不得的孔子也罢,不愿顺故不臣的孟子也罢,长歌当哭、以泪作诗的屈原也罢,圣人试图改变当下,却与社会乃至时代格格不入。或超越时代如荀子,或落后时代如老子,当然这个落后并不是真的落后,是这类哲人对时代的嗟叹,他们的理想主义与赤裸的现实无法契合,自然也不为时代所接纳。其中,老子和孔子是不得不提的两位。

老子,一位大智慧者,他的智慧令人望而生畏;一位神出鬼没的神人,神龙见首不见尾;一位深谙历史的学者,他是周王朝政府档案馆的馆长,他看透了世间的罪恶,却不与世同污,当他走出守藏室时,已洞穿了人生的厚壁,老子对历史是悲观的,在他看来历史是一个衰败的过程,人类历史应该反过来,逆向行走,去追溯本源的"道",才不致任性地堕落。老子的治国方法是"无为",复归于"朴"和"无";老子的处世哲学是治世"外王",处世"内圣",根除看似"为"的外在条件,人类由此走向唯一的自我救赎之路。历史对现实的观照让读者在几千年后,再次面临理想荒芜、现实贫瘠、人性的恶被不断放大的处境,难免回顾起老子的话,可见老子对现世与后人的慰勉。既无法扶周朝大厦之将倾、山河将崩、九州幅裂,便作别西边的晚云,去意满怀。如果他骑着青牛出关而去,那么那些大智慧真的要隐遁在茫茫时空中了,幸好关令尹喜挡住了他,尹喜看着这位去意已决的老者,让他留下了五千字的《道德经》。

孔子是黑暗王国里的一支残烛,正如宋人朱熹评价孔子:"天不生仲尼,万古如长夜。"孔子出生的时代就是一个混沌无道的时代,"人世渺小,天道无情,青山依旧,哲人其萎"。孔子的核心思想是"仁",仁包括"忠"和"恕",他一生倡导"仁",修身成仁他做到了,改造社会成"仁"却失败了,他一生光明磊落、坦坦荡荡,"颠沛必如是,造次必如是"。不仅如此,孔子以人学对待文学,把人格修养的最高境界理解为一种自由的艺术境界。

作者鲍鹏山以态度上的旁观、情感上的融入逐一感知那些圣哲,这时圣哲的语言和思想便有了温度和感染力,传达给阅读者。令读者为之感动的并不是圣哲作为神一般的存在,而是他们伟大的人格、智慧,圣哲作为普通人的形象跃然纸上,类似神的形象被不断弱化。比如,写荀子:"我老是这样想象他:在深夜,飘风四起,风声鹤唳,四野一片漆黑,他用他苍老的双手,小心地围拢一枚烛光,使它不至熄灭。"圣人在作者笔下只是一位普通的老者。再如:"我们在《离骚》《九章》等作品中,看到了一个泪流满面的诗人;看到了一个时时在掩面痛哭的诗人;看到了一个面向风雨'发愤以抒情'、又对人间的邪恶不停地诅咒的诗人。"书中写了这样一个会哭,会笑,还会不停诅咒的屈原,他是拥有七情六欲的血肉饱满的寻常人,正因为他们以血肉之躯承载着尘世困窘的人生,读者方可从中读出人生的感慨和命运的悲凉。

作者试图借由圣哲的眼与心,管窥他们的行动和思想,进一步探寻人类古老的普遍经验、人生哲学,探求人与物的关系、人与人的关系、中国文化传统的独特现象等。书中,在黑暗世界踽踽独行的孔子、向帝国挑战的剑侠墨子、面向风雨的歌者屈原、"折断的双刃剑"韩非子、无为而治的老子,他们都在为世界的出路寻找方式,方法虽不尽相同,却各有其深刻之处。书中他批驳了隐士的淡泊人格,面对天下苦难卷而怀之不值得提倡,他们丢失了伦理关怀、道德痛苦和作为知识分子最基本的人道精神,为道而泣血的圣哲让避世的隐士相形见绌,感喟后代文人人格理想和伦理责任的分离,进一步引申直至现实,认为古典的崇高让机灵聪明,或者说现在常说的精致利己主义者更加扁平单薄。在这样笔墨精练却层层递进的叙述中，让读者对时代和圣哲都有更为立体的感知。

当圣哲的声音再次从历史中传来，历史真相启迪和指引着后世，哪怕再微弱的光，都将汇聚成漫漫长河里的火焰。

生活的亮光烛照柔软的内心

　　独行在幽暗的空间，一晃而过的亮光常常能打动读者柔软的内心。

　　《人间消息》(李约热著，广西师范大学出版社，2019年5月第一版)是一部中短篇小说合集，由九部作品组成。作者李约热用戏谑、荒唐的语言，奇特的视角与结构，细腻而温情的笔触，描画了野马镇的一群游走在社会边缘的人的生活，刻画了在社会转型中迷茫彷徨的城市知识分子形象。

　　李约热的这部小说集，看似描写平常，却不甘平庸，处处充满张力。戏谑、荒唐的语言锋芒毕现，颇有"满纸荒唐言，一把辛酸泪"的感觉。《人间消息》像一部黑白的默片，晦暗、冷清，作者用广角镜头、全息影像的方式捕捉故事，呈现人物的立体与丰满：有人面无表情，有人歇斯底里、怒目圆睁。他们各自上演着人间悲喜剧。这些人物不被主流社会认可,但他们真实地存在着,其弱者形象让读者更清醒地看清人世的善与恶、喜与悲、黑与白。

　　死亡并不可怕,可怕的是比死亡更寂静而灰暗的人间。作品从现实的荒唐蔓延开来,追踪周遭无处不在的寒意。有时,彼此寄托了太多厚望,结果,在日复一日中才发现开始就是错的:"我们都对对方有期盼,都希望对方有所改变,但是最终,谁都没有改变。"(《二婚》)比起婚姻的狗血,人被耗光了全部精力和期许才是可怕至极的事。除了婚姻,作者还提到了人间的无情和冷漠:"主任说,除非死了人,要不然吃多大的苦都不会说出来,几乎家家户户都如此。""说到掏心掏肺,我又非常地抵触。"(《村庄、绍永和我》)人与人之间的冷漠在一言一语中就表现得清清楚楚:一个麻木、深沉、对一切生老病死都波澜不惊的村庄是多么空洞,这孤独的人间毫无生气,平庸冷漠的恶,竟比手刃还要血腥。

　　世态炎凉,冷暖自知。但野马镇上空盘亘的温情,给了作者在内的所有人生活下去的勇气。人间一地鸡毛,它折射出来的人性深处的坚韧,处于重压下宁折不弯的顽强生命力,像原野上暴风雨中战栗不倒的花。《美人风暴——给我亲爱的朋友》中原本以为是一场艳遇，没想到是两个孤独的灵魂相遇，诉说两种截然不同的人生，有着热烈的爱、固执的坚持，是我们尘世最缺乏的两样东西。《二婚》一文讲婚姻总有很多出其不意：一方面，我们看到了故事中的悲伤、压抑、窒息；另一方面，看到了婚姻"熬"的本质，熬出人间百态、人世真情。故事中套故事的写作手法，抽丝剥茧般地导出了一个个人物，他们是生活的失败者吗？再多曲折经过当事人的平静叙述变得云淡风轻，它背后的原动力就是生的韧性和对人间的善意。《情种阿廖沙》不是简单的青年爱上死刑犯老婆的狗血三角恋故事，而是一个关乎怜悯和拯救的故事：夏如春要救死刑犯老公刘铁，阿廖沙要帮助夏如春救人，夏如春感激阿廖沙的善良，最后，两个人什么时候开始喜欢彼此已经不再重要，野马镇其他人的眼光也不再重要，忠于内心的坚持和善良才是人生路上最重要的东西。

小人物向死而生的坚韧，与其说是他们勇敢对抗生活，毋宁说是其无可奈何的选择。"这世间的事，在该了结的地方了结，对大家都好。"（《二婚》）张强得了精神病，病痛折磨着他和他的家人，为了让儿子小文有一个健康成长的环境，张强和父亲甘愿独自承担痛苦，与过去的生活一刀两断："张强正在苹果树下晒太阳，腰部套着一个铁箍，一条铁链子，一头拴着铁箍，一头拴着苹果树，看来他的病又犯了……"（《二婚》）三言两语的场景，令人不寒而栗，你说他们是坚强吗？更多的是妥协吧。在《龟龄老人邱一声》中邱一声被野马镇的人当作吉祥之人，野马镇的人像供奉神般地奉养着他，从这个角度来说，邱一声是幸福的，但是，他的痛苦根源永远停留在七十岁那年，他的傻儿子抛下他自杀了。邱一声潜意识认定自己才是凶手，在后来漫长的岁月里，他所有的人生意义始终都是在等着儿子跟他再见一面。"人间"于他而言，又何尝不是一座炼狱，唯有一直待在炼狱中才能等来最终的重逢。

李约热从来不粉饰生活的美感，对知识分子也是如此，不断挖掘他们在社会转型中迷茫、彷徨的一面。他们厌恶短信、微信、QQ 的声音，"听到这些声音，就烦，那是人间的消息"（《南山寺香客》），自嘲"我们是那种不禁看的'中产'"（《幸运的武松》）。他们看似混出了人模狗样，在这个城市有了立锥之地，猛一看像"中产"，实际上各有各的心酸，连保护最需要保护的亲人他们都做不到，这样的人同样出现在开篇："'北漂'打拼，靠写小说出道，终于'人模狗样'，终于'看什么都顺眼'。"（《村庄、绍永和我》）想必从广西乡村里走出来的李约热对此感同身受吧。这些人融入城市的过程中,享受身份认同带来的晕眩,不断拼搏,极力想掸掉农村的尘土,急急忙忙地贴上城市的标签,实际上他们内心的蜕变远跟不上现实变化,走进一个满是牛粪的村庄便足以唤起天然的亲近。看似平静的生活下危机四伏,知识分子感到苦闷、无助,他们曾通过自身奋斗,获得主流社会认同,面对现实和未来的不确定,开始怀疑自我价值。他们有戏谑,也有无奈,麻木到想逃离,最烦来自人间的消息……不过关键时候,作者总能笔锋一转,让彷徨失措的知识分子与其他毫无交集的素人相遇,例如,野马镇自绝于社会的绍永和南山寺寻找救赎的夫妇,两者让原本平行的故事线突然重合,使知识分子开始重新审视自我的价值和未来的道路。

独行在幽暗的空间,一晃而过的亮光常常能打动读者柔软的内心。现在,越来越多现实主义题材作品涉及边缘群体,观照他们生活的窘境,剖析其心理变化并折射社会制度等方面的问题,但李约热在《人间消息》中则把视角从边缘人群移到他们周围的人、事以及社会环境,叙事结构精巧,细节描写真实感人,人物塑造层次丰富。小说中充满现实意味的荒诞直抵人心,让读者笃信确实有一个像"野马镇"一样的相对封闭的角落正经历着、发生着一桩桩奇特的事情。故事和故事之间,故事里面的故事,环环相扣,既超出想象,又在预料之中,读来一种笑中带泪的感觉始终萦绕心头,挥之不去。

转境编

困厄中的寄望

　　这种童年的成长像歌里唱的一般美好,它能稀释生命中的苦涩,成为人生永远都能回望的重要一站,哪怕悲伤缭绕,依然给我们以美的感觉,待迟暮之年还能清晰记起……

　　童话里有触及心灵的美好,也有令人唏嘘的苦痛,迟子建的《北极村童话》(浙江少儿出版社,2018 年 4 月第一版)就给人这样的感觉。作为"迟子建作品·少年读本"中的一册,本书收录了《北极村童话》《鹅毛大雪》《花瓣饭》三篇,均以作者童年时的经历为原型,除了阴影和伤逝之外,更包含了作者难以忘怀的童年记忆、无法消逝的童心和经冬不凋的爱。

　　《北极村童话》讲述了七岁小女孩被妈妈送到外婆家寄养,度过了一段难忘的童年时光:她和姥姥、姥爷、小姨、"老苏联"等人之间发生了一系列平凡琐碎的小事,没有大悲喜,只有"小确幸"。《花瓣饭》从一盆粥入手,写了某个看似寻常的雨夜的场景,将姐弟三人之间斗嘴自娱、父母来回寻找对方吃饭的情形都置于同一个场景下,把当时社会正在经历的一场狂风骤雨不露声色地呈现出来,而花瓣粥更像是来慰藉这一家人受伤的心灵的熨帖之物。《鹅毛大雪》说的是每个人小时候可能都曾有过的困惑:"我"不理解为什么不像鹅毛的雪被称为鹅毛大雪;"我"不明白为什么隔壁家车把式明明家里有裤子,却被姥姥说一家人都穷得都没裤子穿;姥姥去世后,我才仿佛明白了"鹅毛大雪"的意思……

　　以孩童的第一人称视角代入,开篇《北极村童话》追忆了故乡东北漠河奇异而神秘的生活,北极村仿佛是个具有象征意味的理想之国,这个中国最北的村庄,是中国唯一一个可以在夏至看到极光的地方,在这里仰天能看到漫天飞舞的"鹅毛大雪",伏地可倾听脚下黑土地心脏沉缓的跳动,像极了童话故事的模样。还有,像油画一样房梁上拴着红布的大木刻楞房子、暖洋洋的太阳、泛着青光的在菜园里啄食的燕妈妈和练飞的小燕子、拉了红丝的柿子,也都成了童话里的布景。但在能看到绚丽极光的地方也终难逃家国罹难的命运,当"我"启程回去之际,"我的眼前一阵眩晕:粉的、红的、金的、绿的、蓝的、紫的、灰的、白的,这不是水中的玻璃碴发出的光吗?"继而确认这是北极光,从"它怎么提前出现了呢?"的疑问到"它也该出现了!"的确认,正反映了叙述者心中对美好终究会来临的惊喜和笃信。

小说仿佛一曲跌宕起伏的生命之歌,汇聚了生存、生命、成长、人性等现实思考。《北极村童话》里因怕祸从口出、人言可畏而把灯子遣送到北极村姥姥家的母亲、不知儿子已经死去的唠叨姥姥、独自背负丧子之痛酗酒度日的姥爷、被人孤立又渴望理解的"老苏联",还有被日本人糟蹋后邋遢麻木的邻家大婶——猴姥,他们每个人都在各自的戏份里尝遍了生活的苦。灯子是一抹亮光,她以自己的方式给予他们同情,也对不认可的东西不自觉地加以反抗。变化着的还有她身边的每个人,甚至是一条狗、一条河乃至一片星辰。《花瓣饭》也一样,姐姐试图给父母写决裂书,弟弟"黑印度"被骂成"混蛋",灯子尖牙利嘴,得理不饶人的功夫甚是厉害,以及父母在特殊时期战战兢兢的爱情,他们值得同情也令人羡慕。随着小说的深入,同一场景下他们一家人默默与命运抗争,在泥泞的雨夜有花的清香、花瓣的鲜艳、爱的滋润。《鹅毛大雪》一文中,灯子开头对成人世界语言和思维方式不理解,失去姥姥后,在泪水中她突然明白了这些词背后的含义,这是不断成长的过程。这首生命之曲中不乏温情,也有悲情,每个人在命运的旋涡中挣扎守望,也显示了平常中的不平凡的力量,道阻且长、向阳而生便是对生命最好的注解。

小说的叙事内容和艺术特色紧密结合,向读者们呈现了一个温情叙述下的寒冷世界。语言唯美诗意,娓娓道来,有浓郁东北特质的民俗、民风,以及生活场景点缀其间,比如姥姥烙火烧,比如房梁上挂着辟邪的红布,满院的向日葵,黄泥抹的墙上挂着一串鲜红的辣椒、一串雪白的大蒜和一把做菜籽的香菜,等等。作者平心静气的胸腔内翻滚着不屈的血液,温暖而略带忧伤的文字在灯子天真烂漫的叙述下,让读者体验得越发真切:在苦难中仰望生命。情感与景物的高度融合,细腻地展示了灯子变幻莫测的内心世界:灰蓝色天空下被罩在水雾中的远山,有时空旷、迷离,有时闪闪烁烁充满寒冷和寂寞,映射灯子的茫然;忘记吃饭睡觉、奔腾不停的江水变野了,野得像北极村的孩子,映衬灯子的"野";透过泪水望出去的白雪有的真的比鹅毛还大,暗指灯子的成长。还有"傻子"、蝈蝈、花瓣,统统带上了那个年代情感的烙印。

正如迟子建开篇所言"假如没有真纯,就没有童年。假如没有童年,就不会有成熟丰满的今天",童年不像温室里的花朵,美梦也好,噩梦也罢,孩子会用稚嫩的思维去感知、发问,这个过程中,他们实现了成长,在他们的探问中,大人也终能挨过那些黑白的岁月,等到冻土解封。我不禁想起一首歌,歌是这么唱的:"天上下雪地上白,你走了多久才回来,腊月里河冻闯关外,斜阳向西江往东,你问我归人哪儿来啊……走呀,走着呀,我要回到北极村。"这种童年的成长像歌里唱的一般美好,它能稀释生命中的苦涩,成为人生永远都能回望的重要一站,哪怕悲伤缭绕,依然给我们以美的感觉,待迟暮之年还能清晰记起……

与忧虑共处

"对于忧虑,我们仍然经验多于分析,活在其中多于对其审视。"

忧虑无处不在,无时不在,它如生活中涌动的暗流,如影随形。在现代社会,人的内在世界越来越被关注,焦虑症、强迫症、抑郁症等病理学意义的分析,让复杂的精神世界更清晰地呈现在读者面前。相比之下,忧虑反而不被关注,因为它似乎波澜不惊,可有可无。不过随着现代社会的发展,它日益成为我们身体和精神无法分割的一部分,追寻忧虑本身就是一个渐进而忧虑的过程,它可以洞察个体精神实质,也可以牵扯出一段文学与文化史。

英国学者弗朗西斯·奥戈尔曼的《忧虑:一段文学与文化史》(广西师范大学出版,2021年4月第一版)是一部有关忧虑和忧虑之人的书,它既不是一部医学书,也不是一本自助书,仅仅是忧虑者的自查手册。作者从历史的角度,以文学、艺术、哲学、心理学、社会学之手层层剥开忧虑的神秘面纱。书的指归并不落在忧虑所带来的个体感受的痛苦上,而是更加理性客观地叙述忧虑作为一种"时代疾病"的独特文化能见度和流行性。从这个角度来讲,这本书算是"时代疾病"的文化指南。

目录前一页整张纸上印刷着"万一……?"这句话很有深意也很耐人寻味:"万一"是忧虑之源,所有对未知的不确定和不安全感来源于此。作者以"万一"开头,抛给读者关于思考"忧虑"的诘问,也给全书的陈述做了一个铺垫。比如第一章中说"忧虑的主要特征就是对于对未知的未来,或者更确切地说,对于存在某些不确定因素的未来的担忧。"忧虑对未来的不确定性,同样也体现在它与其他方面的关系,譬如忧虑和语言的关系,二者密不可分,忧虑虽能通过语言进行谈论和描述,但又在语言能理解的范畴之外。再如,忧虑和信念的悖论关系,忧虑源于信念,忧虑者的心灵藏有不朽的信念才不会被一眼看穿,同时,又需要通过信念消解忧虑。

夜阑人静,作者脑海深处不断搅动、锤击的声响与周遭的宁静格格不入,一个忧虑者的形象和内心世界跃然纸上。弗朗西斯·奥戈尔曼从自己的亲身感受入手,分享忧虑的独特体验,从而讨论忧虑的含义、来源,以及它如何与文学、哲学、历史上的沉思为伴。全书以莎士比亚戏剧《哈姆雷特》中的经典台词作为四个章节的标题："可是唉,你近来这样多病""哎呦,真是不可思议的怪事""这是一个颠倒混乱的时代""请接受我心烦意乱的感谢"。仔细品味全书的个中精妙,不难发现,作者除了表达对莎翁的致敬外,潜移默化中就将忧虑到底是什么、从何而来、因何而起、如何面对等一系列问题糅合在了每个标题之中,且自成体系,将"忧虑"这个时代命题从表象到内部一一进行拆解,直至接近真相。作者循序渐进地告诉读者,如果注定无法摆脱忧虑,那不妨去了解它、尝试它,因为它可能是你生活的一部分,甚至是值得感谢、非常诱人的一部分。

反复高频率地使用"忧虑"这个字眼,确实会让人有阅读的倦怠感,但作者不想用其他措辞来替换,因为在他看来这样只会弱化忧虑的特殊性。独辟蹊径的见解使读者兴致盎然,作者也承认自己希望以更个人化的角度入手来描述复杂多样的忧虑。全书探讨的不是病理状态,而主要是一种日常状态,一种"精神障碍"范畴之外的思维习惯。关于"精神疾病",英国心理学家理查德·P.本托尔持有这样的观点:"也许,对理智与疯癫的界定,取决于我们的立场。可能某种情形从一个角度看是疯狂的,同时从另一角度看却是理智的。"对作者来说忧虑绝非一种病态,它只是家常性、功能性的情绪,忧虑还是循环往复自成一个因果链的闭环,而且旧有的忧虑消解之后,新的忧虑又会浮上心头。弗朗西斯·奥戈尔曼跳出固有范畴,用独特的视角洞察忧虑,《星期日泰晤士报》评论该书:"它含蓄精妙,富有探索性和完全的创新性。"

外力和人类心灵内部共同塑造了当下的忧虑方式,发展成忧虑的"地方史"和"简史",作者大量援引了各类经典来描述忧虑。比如犹太教和基督教的《圣经》中描述的一些像忧虑的心理状态。《旧约·列王纪上》描述道:"于是以色列王闷闷不乐地回到撒玛利亚,进了他的宫。"《新约》中,耶稣面对门徒的时候,也可能谈论一些类似忧虑的事情。

作者还逐渐深入着眼现代生活的虚构文学,比起冷冰冰的学术研究,作者诙谐而富有哲理的沉思来自大量文学艺术作品和身边的相关实例,像威廉·S.萨德勒的《忧虑和紧张,或自我掌控的科学》、美国医生乔治·林肯·沃尔顿的《为何忧虑》、伦敦歌剧院上演的《我应该忧虑》的喜剧等。20世纪初,忧虑备受现代主义作家的青睐,特别是以"内心独白"的方式,如弗吉尼亚·伍尔夫《到灯塔中去》对忧虑者进行了深入的刻画,运用"内心独白"的叙述方式,将读者带入忧虑的深海。

最后,弗朗西斯·奥戈尔曼从法国哲学家笛卡尔的"我思故我在"中获得启发,推演出"我忧故我在"。忧虑正是在人们的反省、评估、权衡、怀疑能力之中诞生的,人们获得了思考和决定的"自由",却也让忧虑者举步维艰,因为选择而忧虑,因为选择失误的负罪感而忧虑。"我忧故我在"让人不必再纠结带来的困扰,甚至负罪感,因为忧虑本身就是富有前瞻的思考。

正如作者说的,"对于忧虑,我们仍然经验多于分析,活在其中多于对其审视"。忧虑者不妨放宽心态,变得宽容,艾伦瑞克提倡人们"负向思考",更多的不满、更多的忧虑,也许会使不安全的未来变得更加安全。所以,也许精神痛苦也未必是件坏事,以一种更坦然、美好的思考收尾未尝不是对忧虑最好的诠释和理解。

人生海海

人生海海,即便起伏不定,船上的每个人也都做好了失去和获得的准备——尽管抉择本身就让人很痛。

著名作家柳青说过:"人生的道路虽然漫长,但紧要处常常只有几步,特别是当人年轻的时候。"

这句话勉励着那个时代的青年,也继续激励着当代青年。开头只说了上下求索趁年轻,没有提到过程的苦楚和阵痛,《人生》(路遥著,北京十月文艺出版社,2012年3月第二版)以这样充满期待的引言作为开头,诉说了一个挣扎沉浮的故事。

记得我开始接触路遥的作品,是在初中。那时尚不谙世事,对爱情、事业、未来十分懵懂。从《人生》《黄叶在秋风中飘落》到《平凡的日子》,一个初中生还没办法理解在西北那片贫瘠的土地上发生的人和事,更无法理解一个时代给时代下的青年们带来的伤痛。

送给我书的是我的一个表哥,他很有才华,读书也特别好。想来他的眼光也不错,那时就慧眼识珠看路遥的作品。近几年,随着电视剧《平凡的世界》的热播,路遥被更多人熟知。表哥后来弃文从医了,多少年后我们的家乡拆迁,他和我说:"以前千方百计地想要逃离农村,逃离脚下的这块土地,到了城里有了铁饭碗才觉得人生有了方向。现在,我们又常常想念从前,想念从小生长的村子。"

当他这么说的时候,我的思绪突然回到了 20 多年前,他送我的那些路遥的小说,这也许正是无数农村青年内心的写照。在当时的时代背景下,虽南北异域,但年轻人都怀着抱负和理想,把泥腿子从泥土里拔出来,去更广阔的天空闯荡。

人与土地的关系如此微妙,某些时刻它是一份束缚,人们想逃离它,某些时刻它是一份牵挂,离乡经年仍魂牵梦萦。

《人生》是路遥 1982 年发表的一部中篇小说,它以改革开放时期陕北高原的城乡生活为时空背景,叙述了高中毕业生高加林回到土地又离开土地、再回到土地的人生的变化过程,其间穿插了他与两个女孩之间的感情纠葛。

读《人生》的时候，我还那么小，狭隘到世界观仅仅局限在好人坏人的粗暴分别。我不觉得高加林是悲哀的，他为了自己的前途，辜负了一位善良的姑娘，最后失去了工作，也失去了爱人。

有一个情节：高加林被开除回乡，巧珍的姐姐巧英想要在村口截住他，奚落他一番。妹妹巧玲劝阻无效后，告诉了巧珍。巧珍说："……好姐姐哩，他现在也够可怜了，要是墙倒众人推，他往后可怎样活下去呀……"

我当时的心情估计和巧英差不多，负心汉为什么值得巧珍付出一片真心？

如果以现在的眼光再来看高加林和巧珍、亚萍，看到的就不仅是高加林负心的一面，还有社会变革的特殊时期，个体在时代浪潮下的艰难选择，以及选择造成的悲剧与难以修复的伤害。

高加林，心高气傲，他有才华和学识。但是，脚下的这片土地禁锢住了他，他囿于农民身份，注定无法大展拳脚。他不愿意认命，不愿意重复父辈和土地绑在一起的命运。争取改变命运的过程就是他抗争的过程，他被分配到村里当上了民办老师，结果被村书记高明楼哪哪都不如他的儿子代替了，高加林在沮丧之余，意外地通过关系到县城当上了干部。

当他来到城市,受到城里人的蔑视时,他告诉自己一定不能放弃,心里说:"我非要到这里来不可！我有文化,有知识,我比这里生活的年轻人哪一点差？我为什么要受这样的屈辱呢?"

高加林试图撕掉身上农民这个标签,渴望融入城市,被城市接纳。但他终究无法突破社会矛盾对个人的制约,只能被大环境裹挟,随波逐流。

有人说,路遥的作品具有地域和时代的局限,其实不然,无论在当年,还是在当下,土地与人的关系均发生了无数次转变。路遥的作品探讨的并非某个人某件事的具体得失,其背后有着更为宏大的人生命题,比如自由,比如爱情,比如人生价值和社会变革……

《人生》立足于西北黄土地,在那个特殊的岁月里,主人公难逃命运的枷锁,遭遇事业与爱情的挫折。读者一起感受到人物的抗争意识和人物命运在时代洪流中的无力感,还有个体性格的悲剧和城市化进程中社会遭受的阵痛。从这些角度而言,路遥的作品既展现微观的个体情感纠葛,又对宏观的时代性与前瞻性有所体现。

卢梭说:"人生而自由,却无往不在枷锁之中。"枷锁让人在争取自由的时候不得不失去一些既得的东西,从而让美好的幻想破灭,面目变得可憎起来,这何尝不是现代化进程中个体生命的两难选择。不得已为之的伤疤贯穿《人生》所有情节,将高加林、刘巧珍、黄亚萍等悲剧人物串联起来。

刘巧珍虽然生长在农村,但她拥有一颗美好纯真的心,这颗心不仅感动着高加林,点燃了他爱情的火苗,也让所有的读者怜惜她。她那么美好,像洁白的玉兰绽放在春日的枝头,散发着醉人的芳香;她爱得卑微,被爱人抛弃,只能默默回去嫁人;她爱得义无反顾,为了更配得上高加林,她学着刷牙,刷到血沫翻涌,令乡人震动。高加林于她而言,是光一样的存在,她对他的爱情中掺杂了很多崇拜的元素,她爱他、怜惜他,她如同西北黄土地上无数母亲一样的女子,善良、固执地给予爱,这份包容甚至带着些许愚昧的色彩。

高加林面对美好的巧珍,自然无法抑制心中的喜欢,在他失意时,巧珍的闯入让他原本灰暗的天空明亮起来,他对她如亲人般依赖。高加林遇到了黄亚萍之后,就被她的独立、泼辣、自信所吸引,他爱情的天平开始倾斜。他在爱情上的犹疑也折射了他的人生抉择,巧珍代表了他熟悉的土地,亚萍意味着新生活。很显然高加林不是有情饮水饱的多情郎,他有太多抱负未完成,他的追求和毅力连村书记高明楼都要与他保持良好的关系。离开像土地一样呵护他的巧珍，于高加林而言，仿佛具备了某种象征意义，和她分手从形式上割断了他与贫瘠土地的联系。他有自私的一面，也有决绝的一面。

青春期的情感是敏感而脆弱的，那时的我无法想象可怜的巧珍去县城探望完爱人，发现爱人不再爱自己后，她孤独地回到那片熟悉的土地如何开始新的生活。现实这么残酷，人为了获得一些东西，将如此纯洁的爱情都抛弃，那人还有什么可以不抛弃。那时的我不会想两个人是否合适，也不会想除了爱情还有其他因素左右着人的选择。正是每个人物身上的缺陷，增强了作品的真实性。对荒凉偏远的陕北农村风景、风俗、风情的描述也不是孤立存在的，它为人物的性格形成和行为走向创造了土壤，土壤培育着传统的道德观念、伟大情感和人格之美。在情爱的痛苦里、在人生的求索里，作者循序渐进地引导着读者心灵，输出奋斗、进取的精神。

真正优秀的现实主义作品必然是贯彻着作家的审美理想的。《人生》主人公之间爱情悲剧的悲痛感以及折射出的伦理道德是作者希望向读者传达的审美理想。人生海海，即便起伏不定，船上的每个人也都做好了失去和获得的准备——尽管抉择本身就让人很痛。

"门里门外"各自安好

　　《门里，门外》一书可以让你短暂地放空,仿佛和三五好友在雨天聚会,说着人生最小的乐趣;又让你神游物外,午夜梦回,抓住时空隧道中散落的枝叶与古人对话;还让你触摸着月色溶溶之下的柴扉,看看"门里门外"的人生各自是否安好。

　　小门姨的《门里,门外》(人民日报出版社,2017年8月第一版)讲述的是不同的人生态度和人生可能,正如她在前言中说的:一扇门,可能便隔开了很多东西,隔着内在和外表,隔着梦想与现实,隔着成功与失败,隔着虚幻与真实,隔着痛苦与欢乐,还隔着人间与天堂。每一种都是人生的一面,你以为的人生和实际的人生,一里一外就是生命的阴阳两面,没有对错之分,只有角度和态度在不同时间轴上的角力,诠释不同的人生哲学。

　　作者的这部随笔集,精选2005年至2011年间几百篇文章中的几十篇美文。这些文字记录了她几十年内的思想轨迹,灵光一现的想法,大多数是生活所感,极少是关于工作的。没有丛生的疑窦,也没有一直在半空的悬置,作者只把生活的庸常如数家珍,把琐碎的思绪安静地归整。这些寻常的点点滴滴,有生活中安静、幸福的时刻,也有亲人、朋友及令人感动的人物,对生命的敬畏⋯⋯字里行间流露出作者对生活特有的细腻品味、感悟,表现了作者热爱生活、积极向上的乐观精神。

这本书由两个部分组成,第一部分是"随心散语",记录的是人生路上的所见、所闻、所悟、所感,撷取了沿途的一个个平凡的瞬间,像准备握紧随时消散的风儿一般,去谛听几十年来内心的发声。作者在后记里说这是值得庆幸的,即便是零星碎片,即使浅显苍白,也很庆幸当年不经意的记取,还能摸索回到记忆里的深巷窄道看看究竟。第二部分是"梦里梦外",多讲述与人有关的事情:有陌生人的,也有亲朋的;有虚构的,也有真实的;有快乐的、痛苦的、久别重逢的、生死别离的;等等。人往往走着走着就把自己弄丢了,走着走着就被时间遗忘了,作者一再追问的不是肉身的去留,而是在人间的匆忙一晃间,如何让这些珍贵的情感、思绪被记录下来,为后来者留下点什么。

作者把道理轻描淡写地酿进生活见闻。《聚,散》从丰子恺画《人散后,一钩新月天如水》说起,讲到自己年轻时的悒郁,害怕热闹聚会后离散的凄凉和空落,很难迷醉于聚时的愉悦;随着历经世事的增多,离得多了,经得久了,心思也便淡了。"门里门外"凡人悟道,随时间、心境变化而自在开阖。在《院外一架紫藤,院内一株海棠》中,作者游览纪晓岚故居,从海棠的绿叶经脉中,从紫藤营造的垂地紫云间向历史深处看去,看纪晓岚与他的妻妾、恋人的情感。凡人如我,以为如纪先生般天赋异禀、倔强高傲的孤石老人定能在红尘中置身事外,却不想他仍走不出这千百年来的情缘魔咒;以为一人一生只爱一个人,但纪先生呢?他与所深爱的每个女子又如何评说?"门里门外",我们以为的和真实的又有多少碰撞和悖谬存在呢?

《门里,门外》一书可以让你短暂地放空,仿佛和三五好友在雨天聚会,说着人生最小的乐趣;又让你神游物外,午夜梦回,抓住时空隧道中散落的枝叶与古人对话;还让你触摸着月色溶溶之下的柴扉,看看"门里门外"的人生各自是否安好。

绝望中的活法

与其说是他们主动选择自我麻醉,倒不如说是主流社会放弃了他们。所有小人物演绎的悲剧根源在于当时的社会状况。他们终无法逃脱。

在朝不保夕的时候,人首先思考的是生存下去;当有了一定的资本和能力时,人才会考虑如何体面地活着;如果身处绝望之中,我们又会有怎样的活法呢? 是苟延残喘,还是以放纵的形式反抗生活?

主持人马东说:"人生的底色是苍凉。"如果人生的底色是苍凉,那该怎么面对? 曾有人说:如果你觉得人生过得很好,那么恭喜你,你是幸运的;如果你觉得人生对你不公,那么这没什么,因为这就是一种常态。

《米格尔街》(V. S. 奈保尔著,张琪译,南海出版公司,2019 年 11 月第二版)的书封上的一行字吸引了我:"生活如此绝望,每个人却都兴高采烈地活着。"一直以为每个人都在乐观积极地面对生活给予的一切痛苦,看着看着才发现,戴着镣铐舞蹈是多么令人心酸和悲哀啊!

作者奈保尔是英国著名作家,和拉什迪、石黑一雄一起被誉为英国文坛的"移民作家三杰"。

奈保尔1932年出身于特立尼达岛上的一个印度移民家庭,后迁居伦敦。他对特立尼达岛的情感肯定是复杂的。特立尼达岛在他的童年或许并没有留下什么好印象,《米格尔街》一书的结尾说:"我失望,是因为我走了,注定要永远地走了,可米格尔街上的一切还是老样子,并没有因为我的离开而有丝毫变化。"但离开故乡之后,童年的点滴记忆,却时刻提醒他记起那个熟悉的地方和那些熟悉的人。

后来我才知道,书封上的那行字真的应该加引号,我曾一度认为它传达着救赎的希望,将凝视深渊的痛苦幻化成兴高采烈,与命运和解,其实不然。这句话本身就是一个悖论。绝望,怎么兴高采烈地活着?既然兴高采烈地活着,又谈何绝望呢?

奈保尔以敏锐的思维和独特的笔触,通过明喻、暗喻、象征等各类表现手法,将米格尔街作为微观的观察世界,聚焦米格尔街上一群有血有肉的底层小人物,将一个个奇奇怪怪的人和故事拼凑成20世纪三四十年代特立尼达人民生活的画卷。很多人应该都很想看一看奈保尔笔下边缘化的殖民地人民过着怎样绝望的生活，以及他们处于怎样的生存状态。

与其说米格尔街是一条街的名字，不如说它更像特立尼达殖民地的一个代名词，譬如，在第九个故事《泰特斯·霍伊特，中级文学学士》中，叙述者讲述他刚从乡下搬到西班牙港，母亲叫他出去买点东西，回来时他迷路了，找不到自己的家的情形。此时叙述者叙述道："我发现大约有六条名叫米格尔的街道。"叙述者显然是在暗示他的附近都是米格尔街，它纵横交错地分布在底层的特立尼达人心里，它是住在无数条米格尔街上的人们都共享并认同的底层身份。它是家的象征，是能够收容他们的地方，尽管在这个地方他们每天以最卑微的方式活着，但任何地方都取代不了它的位置。

故事《花炮师》的开头，作者不经意地对米格尔街做了一个概要的描述："要是陌生人开车经过米格尔街时，只能说一句：'贫民窟！'因为他也只能看到这些。"对于外人来说，米格尔街代表着贫穷、落后的一个区域，但在作者眼中它是截然不同的世界，在这个世界每个癫狂的人以各自的形式抗争着。

这是奈保尔笔下少年眼中的世界。

米格尔街看上去是一个狂欢之地,暴力、性充斥在街道周围。曼门疯,乔治傻,大脚是个暴徒,海特是个冒险家,波普是个哲学家,墨尔根却是我们中间的一个小丑。每一个人物是失败的小人物,除了极少数人可以逃脱宿命,绝大部分人被囚禁在这条街上,极度贫困的经济状况、无从发泄只能诉诸暴力的情绪状态、无法辨识的身份等,让这群人无论怎样奋斗或挣扎都是徒劳的,他们无法改变受压迫的命运,甚至不知道应该有什么远大的理想。《天赋使命》中的主人公伊莱亚斯有着远大的抱负,而街上其他孩子的理想是当一个像埃多斯那样驾驶蓝色垃圾卡车的司机。我在读《米格尔街》的时候,有时莫名会被一些小幽默感动,随着阅读的深入,来自底层生活的窒息感和悲凉感不断袭来。流浪汉、木匠、马车夫、疯子、酒鬼、胆小鬼、幻想家、喜剧艺术家、教育家、理发师、机械天才、时髦青年、流浪女、可怜的母亲、穷孩子……

在米格尔街,有的人以暴力发泄着失意。比如,靠着老婆养奶牛为生的乔治在老婆死后不得不以开妓院营生,对女儿也越发粗暴;生性胆小懦弱的"大脚"做过木匠和泥瓦匠却都无法维持生计,只得打肿脸充胖子,靠着继承暴力的假名声当了拳击手;墨尔根正是在自己制作的焰火完全卖不出去的情况下才"比以往更经常地打自己的孩子";而比哈库则自从在一心想赚钱的老婆的怂恿下买来了一辆老赔钱的卡车之后,便"一直记恨着他老婆,经常用那板球棒揍她"。

在米格尔街,当有的人发现无法改变现状时,便会自我放弃。令我印象颇深的《母性的本能》中的女主人公劳拉——特立尼达殖民地妇女的典型,她一生被贫困和性连累。从事着不光彩的职业的劳拉有八个孩子,当她得知自己的大女儿年纪轻轻就怀孕并且走上自己的老路时,痛哭了一场。当得知大女儿投海自杀的消息时,她只说了几个字:"这好,这好,这样更好。"不能说劳拉对女儿一定寄予了多少希望,至少她希望她能过得比自己好一些,女儿走自己老路无疑让她感觉生活更加无望,且无望是没有尽头的。这不只是劳拉一个人的感受,也是无数特立尼达殖民地妇女的共同感受。

《米格尔街》中的诸多人物挣扎于世,拼命让自己更加快乐,但更多的是追求感官上的享受,甚至沦为欲望的奴隶。随后,他们自我放逐,得过且过,其实是避开主流价值。与其说是他们主动选择自我麻醉,倒不如说是主流社会放弃了他们。所有小人物演绎的悲剧根源在于当时的社会状况。他们终无法逃脱。

一个时代夹缝里的苦难记忆

这是对不安记忆的一种了结，是对家族苦难的轻轻告慰，毕竟，我们都走过来了。

翻开姚鄂梅的《1958：陈情书》（上海文艺出版社，2016 年 7 月第一版），看到小尼姑慧德眼中那批饿死鬼状吃大食堂的村民和涎着脸每月等她那份粉蒸肉票的农民光中时，我脑海中浮现出有一次采风时的话，有位老师趁吃饭间隙问大伙："为什么咱们中国人不舍得倒剩饭？"一时间众说纷纭：一说天公怒而将罚不惜粮之人，致来年颗粒无收，这是基于远古传说；又一说种稻割稻三拜三起，实属不易，故惜之；最后一位老师说，恐怕是因为我们饿怕了吧。这真是大实话，严重困难那几年间的惨貌历历在目，仍令我们不寒而栗。所以我更相信：如今我们对粮食的珍惜更多的是缘于骨子里的后怕，那是一种基于苦难记忆的后怕。

《1958:陈情书》大胆书写了一个黑色激进时代的悲哀与无望,亢奋与冷漠,以及在那个时代夹缝中苟且并顽强生活的人们呈现的荒诞与悲切,它们如冥冥之中的巨大引力牵引作者(读者)朝着那个苦难深重的时代走去。这是一个关于灵感与碎片记忆的故事,没有事实可循,也没有史料可依。仅凭作者儿时祖母的只言片语,情之所至,笔之所及,把祖母口中那段风雨飘摇、载沉载浮的历史幻化为记忆深处的吉光片羽。在这个历史横切面上,作者时而如静观其变的心理医生,村民的善良与世故,人们在愚昧、荒诞面前的集体无意识,个体在时代洪流前的无所适从、随波逐流,在她刀锋下被一一解构;时而又似乎与小尼姑慧德一样拥有一双满怀悲悯的眼睛,记录每一个苦难的瞬间,并为其祈祷超度,令观者为之动容。

这部书以1958年大炼钢铁时期药师庵的小尼姑慧德写给佛祖的五封信为线索,以其经历见闻推进情节发展,于精神世界塑造或还原了覆船山。作为小说主人公的尼姑是有原型的,她是作者从祖母那边听说的人物:覆船山上曾经有个尼姑庵,后来让人给拆了,当时有个小尼姑,才十几岁,人家非要她还俗、结婚,她一样一样都依了,过了几年,却在尼姑庵旧址边上吊自杀了……在小说里,她被塑造成了一个被弃在药师庵的女婴,命运起于悲剧,注定留下与众不同的足迹。她当尼姑,被强制还俗,被强迫与同村老单身汉黄金明结为夫妻,收养同病相怜的女弃婴,遭世人异样眼光,女扮男装流落他乡吃尽苦头。她的颠沛流离也是那时所有人深重苦难的注脚。其两次离开覆船山的原因相似,两次返回覆船山的原因却不尽相同,历经阴差阳错后,她的清修之旅最终得以成就,除此之外,其他人的生活也回归正轨,太阳照常升起,我们似乎听到了一声叹息的回音。

小说描绘出了在时代夹缝中生存的众生相。各色人物在时代的洪流中渐次登场,又被历史烟云无情湮没。这些小人物的悲欢离合为我们组建了一个饱满的故事内核。虔诚礼佛、欲潜心清修却被红尘俗世裹挟的小尼姑慧德;心如止水、处变不惊的老尼姑善德师父;在狡黠与老实、懦弱与自私间摇摆不定,终不敌命运的农民光中;叛逆不羁、在一汪死水里显示惊人爆发力的私生女吉利;泼辣俗气又质朴善良的来风。无数在覆船山这个山坳中日出而作、日落而息,在历史大潮中随波逐流的中国旧式农民,一个个鲜活的形象如木刻般跃然纸上,并定格在了历史的某个瞬间,成为那个时代底层百姓命运的缩影。

《1958:陈情书》虽然处处充满悲情,却并非完全是悲剧,在其中我们能看到另一种希望。除了其他普通人的悲剧,书中重点刻画了两个重要的角色:光中和吉利在为自己设计前程,却屡屡遭受挫败。光中在大炼钢铁、修筑水库倾尽全力,手握私生女这一王牌,试图为自己改变命运;吉利知晓身份后投奔姑姑卫红,辗转却无法改变命运。一个运筹帷幄,一个肆无忌惮,都因用力过猛成了悲剧人物。有一点是肯定的,个人在历史洪流中显得如此微不足道。只有慧德看似经历悲惨其实并非悲剧人物,她对光中超越友情的爱,对吉利视如己出的爱,对毫不相关的普通群众的宽恕与慈悲,让她完成了自我的升华,这也是作者留给自己或者读者关于曾经那份记忆最好的念想吧。

作者在无数次构想后,鼓足勇气剥开一个个脓疮留下的痂印,终于如释重负。正如作者所说,这是对不安记忆的一种了结,是对家族苦难的轻轻告慰,毕竟,我们都走过来了。是的,这是一条荆棘之路,这又是一条修行之路,过去破茧而出,未来获得重生。

一只"侦探猫"感受到的人情冷暖

迪多一本正经地讲述不正经的推理故事,让读者在领略步步惊心的侦探故事,笑过、乐过之后,也能深切地感悟到人生的另一种意义。

福尔摩斯是英国侦探小说家阿瑟·柯南·道尔所塑造的一个才华横溢的侦探形象,他冷静、睿智,善于通过观察与演绎法来解决问题、推出真相。福尔摩斯的人物形象和侦探故事早已深植人心,显然,若是对这样的经典轻易下笔改编,很容易为人所诟病。

严格地说,《福尔摩斯喵之二十二街恩仇》(张雨著,浙江大学出版社,2013 年 11 月第一版)不能算是非常正统的侦探小说。它只是采用了一个特别讨巧的题目,引用福尔摩斯的名号,既营造出了侦探故事的氛围,又在无形中吸引了一部分侦探迷的眼球。作者也没有用传统的思路写侦探故事,《狗娘养的》《香奈儿的爱情》《阁楼上的男孩》三个故事的题目迥异于大标题的正统,作者跳出传统的思维樊篱束缚,分别探讨忠诚、爱情、理解三个主题以及生命的困境。

这完全是一部从动物视角来思考人类生活的小说,有别于杰克·伦敦《野性的呼唤》的第三人称,这部侦探小说是以第一人称为叙事视角,与夏目漱石的《我是猫》相似。叙事视角的转变是动物小说叙事的一大进步,它一方面有分寸有节制地把握了小说与童话、寓言故事的区别,另一方面又通过第一人称叙事,大大拉近了与受众的距离。它往往通过直接描摹动物的心理,引起读者震动和共鸣,从而感受到大自然的广袤神秘,对其中的生灵产生博爱与敬畏之情。这也把平常难以理解或者无法理解的东西通过另外一个侧面显示出来——或许这也正是人类的情感死角吧。在这个现代化的社会里,我们的感官清晰,心灵却麻痹,而一只猫却能更单纯地诠释它对各类情感的理解、对复杂世界的洞悉。本书就是从曾被《福尔摩斯破案全集》砸中过脑袋从此自诩为"侦探猫"的迪多的视角出发,以诙谐幽默的语言来讲述这个侦探故事的。

作者张雨是一个"70后"推理小说迷,他有很强的逻辑性和想象力,这为他的小说创作提供了很好的基础;他又热衷于养猫,是个十足的"猫奴",他爱猫成瘾。华特·迪斯尼因为长期观察老鼠对老鼠产生怜爱感情,从而创造出不朽的"米老鼠"形象,张雨也是如此。张雨在和猫逐渐熟悉的过程中,洞悉着它们细微的情感变化,并运用丰富的想象力,让一个活灵活现的"猫侦探"形象跃然纸上。作者延续了前一部作品《喵星上的福尔摩斯》的风格,甚至可以说是前一部小说的续集,旨在打造温暖的动物小说和有爱的成人童话,并把憨态可掬又故作深沉的"侦探猫"迪多塑造成一个经典形象。

这是一个不完美的世界,生活不是乌托邦,阴谋、隔阂、猜忌、伤害一直如影随形,故事总是在有意无意地提醒我们:生活的每个细节背后都有隐藏的秘密,无论生活表面上有多么丑陋或者光鲜,发现这些秘密,是一种爱和乐观的智慧,是一种冒险和奋进的追求。迪多是一个不正经的侦探,它肥胖又自恋,但是在它的眼睛里,生活处处有美好,它有自己的逻辑和追求。迪多一本正经地讲述不正经的推理故事,让读者在领略步步惊心的侦探故事,笑过、乐过之后,也能深切地感悟到人生的另一种意义。

诗情编

将丰盈的诗意藏进时间的盛宴

每一个章节、每一份饱蘸的诗情背后,是让人停下快速的步履,去注视被忽略的风景。少一点功利、多一点安宁,才能真正感受生活的闲情逸致和诗意美好。

"乘慢船,去哪里?"

在《乘慢船,去哪里》(马叙著,广西师范大学出版社,2019 年 12 月第一版)一书中,马叙从一开始便向自己或读者提出了船该驶向何处的问题。或许,抵达哪个目的地并不重要,关键是带着何种心境去感受。这部充满诗意的旅行散记,游走于现实和虚幻之间,在一次次南北异域的行旅途中,诠释着现代和传统的各种抵牾,带领读者不断抵达内心的真实。

全书共分三辑。第一辑,是一次次近似虚构却更贴近心灵需要的旅行,包括作者在内蒙古、青海、井冈山、横峰、慈城等地的所见、所闻、所感;第二辑,是作者想象自已乘着慢船,在江浙地区行旅时的见闻偶得;第三辑,以河、山、海为主要叙述对象,讲述与河、山、海相关的早年生活故事。作者借景生情、寓情于景、以物言志,以散淡的笔触描述了心中对过去的缅怀,抒发了"逝者如斯夫"的喟叹,表达了对人生际遇的感悟以及对现代文明强烈冲击下远去的精神家园的孜孜寻觅。

河流是时间的隐喻、象征,更是浩茫无边的时空中个人精神的寄托。它时而湍急、低回,时而激越、奔竞。马叙的文字一直浸润往返在一条条经久不息的河流中,它已不再是一条具象的河,是楠溪江、塘河、钱塘江、富春江等的综合。河水沿着曲折漫长的河床向前奔腾,伴随着船上的同行者,沿岸村庄的古老记忆、民间故事、乡约俗规不断融合、汇聚。

诗意的时间里寄寓了深刻的哲学意味——

让黑夜降临让钟声吟诵

时光消逝了我没有移动

——[法]阿波利奈尔《蜜腊波桥》

时间永恒流逝,命运无常。作者通过飞渡的乱云、黛青色的山脊、远方的村庄、熟悉的方言等一系列事物营造出独特的审美意境,引导读者思考人生和命运。"运动"的绝对性和"静止"的相对性照见历史和个体之间的依存关系。"见一叶落而知岁之将暮",生命短暂,转瞬即逝,一种人生况味跃然纸上,一丝淡淡的忧伤从时空的深处不断袭来。

所谓的"新"与"旧"总是在不断转换。作者在这个探求的过程中反复强调,因为有永恒的旧,才会有历久弥新。这也是他对高速、嘈杂的现代文明的厌烦,对看似松散的、缓慢的、旧的生活的向往和追求。久居而不厌,久思有所得,诗意盎然且心生欢喜,才能一直感觉如此之新。

马叙在书中写到了宇宙的苍茫意识和个体的孤独感。闲梦半生,穹庐浩茫,无数个体在悠悠长河中顺流而下又溯流而上,我们何其渺小,何其无助,终不过是"落叶辞柯,人生几何"。可是,即便人生如水中静止的一株芦苇,一根帕斯卡尔口中的芦苇——自然界最脆弱的东西,但是它仍是一根能思想的芦苇。茫茫宇宙中、偶然场景下,能思想反而愈显孤寂,此时,马叙从对个人孤独感的探索,跳跃到了集体在现代文明裹挟下的深度迷茫。

流逝的乡愁是作者心中永恒的诗情。

城镇化中不断消失的农村以及其背后承载的乡愁,

对作者充满了无限的吸引力,更像他心中一个隐秘的梦。江南往事如水乡纵横的河汊,不仅倒映着江南逝去的旧镇、旧屋及其中的人与事,也倒映着对那些历久弥新的旧的痴迷。另外,这些乡愁的诗意还来自它们自成的品格,比如在《松阳:黑色屋顶浮在上方,如此安宁》中,松阴溪的流水是有品格的,延庆寺塔是有品格的。又或者是这些品格托起了作者心中乡愁直立的风骨吧。

丰富的地方文化、人文风貌等构筑了每一处别样的风景。松阴溪畔张玉娘的《蓝雪集》让古处州(今浙江丽水)具有了浓郁的诗情和爱情温度;施家岙村的夜晚越剧的唱腔、台词瓦解着人心,也还原着人心,让这个村庄的记忆停留在最朴实无华的那一刻;鄞江之水东流入海,伴随晏殊、王安石、欧阳修的诗作,永久地印证了人与大地、明月、流水的关系。

除了内容、思想、意境、情感盛满诗意,马叙的表述语境也是诗化的。诗化语境被安置在开往井冈山的 K271次列车上,被安置在闽东的山坳里,被安置在牧歌随风而动的大草原上。作者给时间分配了河流、榕树、拱桥等,同时也给河流分配了时间、语言、诗意,使其成为每一段的旅行中独特的审美意向,既心生向往,又是对现代化语境的反驳。"它们,事物,就这样在那里,就这样的状态,

如此静默,藏着事物本来的哑语。"(《木黄三日:一次近似虚构的旅行》)

摇橹慢桨下的风景,走进眼睛,走进心里,让人短暂忘记俗世的无奈和自身的渺小,泛舟湖上,与海通波,任满腹诗情随心逐浪,流逝的时间具有了永恒的诗意。

在这喧嚣的世界,《乘慢船,去哪里》或许能给我们心灵以短暂的慰藉,对于普通人而言,作者说:"诗意需要丰富的感知,它包含着善,且更具宽广的内心,更是内心与世界的深度对话与言说。"对于文化人来说,如果内心不回归诗意就太可怕了。每一个章节、每一份饱蘸的诗情背后,是让人停下快速的步履,去注视被忽略的风景。少一点功利、多一点安宁,才能真正感受生活的闲情逸致和诗意美好。

想必这种生活离俗世很近,却又在世俗之外。

以满腔的诗情体认生命的真实

"你可以拿走这皮囊,这色彩/这世间/繁华而荒凉的一切/却无法拿走/我心底一年一度的热爱/一点儿秋天已经伤害不了我。"

现代诗歌的表现方式各有不同,有声嘶力竭式的奔突,有细水长流般的流转,或直白,或隐秘,但不管如何随着形式变换,它的本体只有深扎在自然、真实情感中的母体,才能生动、摄人心魄。在卢文丽的编年体诗集《礼:卢文丽诗选》(卢文丽著,上海三联书店,2017年12月第一版)中,读者似乎总能体验到这种微颤的感觉,像电流,绵密细致。如她在《〈礼〉之由来——代序》中所说:"诗歌使我不矫情,不趋时,不追逐,安静地笃守文学的本质,用植根于大地和雨水深处的语言,与大自然对话,与隐秘灵魂交流,坐看花开花落,望春风。"

书名的"礼"有两层意思。第一层意思,是这部呈现诗人丰富内心世界和饱满情感的诗集如同送给自我和外界的一份礼物:"我要用笨拙的双手/为你赶制一件礼物/我要献给你/雨水和树枝/月亮编织的指环/我要献给你/谜语和陶罐/火焰亲吻的荆冠。"(《礼物》)这是对所有自然善意的回馈,也是对生活轨迹的生动表达,让诗歌成为礼物,是她久埋心底的一个心愿,因为于诗人而言这本身就是一桩风雅且美好的事情。第二层意思,诗礼簪缨,在物质相对充裕的社会里,倡导以诗为礼、诗礼传家,是一种文明和教养的渴望与抵达。

诗集总共七卷,每一卷都令人耳目一新,有对社会、历史、现实的关注,也有对个体生命的观照自省。全书风格大气,情感饱满诚挚,意象丰富,意蕴深厚,提炼而成的本真句章读之有味,令人回味犹甘。微小如尘埃,浩渺如沧海,旷远如苍穹,都能赋予人独立存在于天地的意义,和人生产生千丝万缕的勾连。诗歌将古典、浪漫、现代性融为一体,尤其表现在爱情上,诗人的爱情观充满浪漫古典的味道,《琴声》《海滨之夜》纯情梦幻,到《十三章》毫不吝啬地让这种爱喷薄而出。《现在让我们谈谈爱情》又充满了一种理智的自问。

美好的情感是诗人生命的底色。随处可见诗人投于这个世界的真诚、善意的目光,在卷一"所有美好的事物都将翩然抵临(2016—2017)"和卷六"无与伦比的美景(1992—1999)"中,山水自然景物都因有这美好的情怀而显得格外有情致。作者时而把自己静守成一株植物,在"明亮、洁净,雨水落处/墙的颜色渐渐加深"(《我习惯于聆听雨声》);时而把自己液化为千万从天幕中自由落体的雨水,"珍珠。翡翠。红珊瑚/水晶。玛瑙。青金石/怎抵得上/一滴活色生香的雨"(《人间的食粮》)。雨是江南常有的风景,在这里已然成了暗示诗人话语维度的坐标指向,甚至是精神信物:"而我依然怀恋雨水/如同怀恋某种不确定之物/洋溢着生之愉悦/死之眷恋。"(《安魂曲》)这种美好的情感底色的生成,源自自我和世界达成的和解、对获得和虚空的正确认知,像《树的宣言》所写:"你可以拿走这皮囊,这色彩/这世间/繁华而荒凉的一切/却无法拿走/我心底一年一度的热爱/一点儿秋天已经伤害不了我。"世间凉薄、变幻万千的冷无法阻止生命之绚烂,更无法真正伤到自己。作者把对生活向上的憧憬,对万物毫无保留的欢喜映照出来——唯有柔美的事物让大海持续澎湃,是何等柔韧、美好。

内秀的诗风,轻盈富有禅意的语言,使读者在静观中获得冥想的自由。雨水、大地、星辰,季节里的所有,哪怕小到尘埃,依然拂不去它们身上天生的光泽和美好:"当一滴雨/孑然一身地光临/你不能说它一无所有/你不能说它两手空空。"(《雨之光》)老子说"万物作焉而不辞,生而不有,为而不恃",万物的这种品性与人又何尝不相通?诗人在静观中洞察,遥远的雷声、狂野的微光都给诗人无穷启示:"起初是执着/那外在的束缚/最后是自在/那内心的澄明。"(《澄明》)"当我不带任何动机地/聆听一滴雨/我比任何时候更接近自己。"(《聆听》)诗人时而激越奔放,时而若有所悟,回归个人灵魂的深处,去敏锐洞察、思考。

很多诗人有一种"怀乡病",卢文丽的症状尤甚,因为她有两个故乡、两种身份:从小生长的有着外婆温暖记忆的第一故乡东阳和长大后工作生活属地的第二故乡杭州。这份"礼"中自然少不了对故土人情风物的追忆:"天窗漏下的缓慢侧光中/那个俯身添火的身影/去了何方。"(《拥抱》)"那是外婆风中飘拂的白发/那是灶膛内跳动不熄的火苗。"(《故乡》)在卷四"我对美看得太久(2007—2009)"中,卢文丽把杭州的景物故人如数家珍地一一而谈,可见此心安处是故乡。从对故乡的依恋到家国情怀、时代担当,诗人卢文丽表现得既含蓄内敛,又富有震慑。历史时空的声音振聋发聩,《离家五百里》《临津阁和平公园》《橘颂》等诗篇读后令人深思,有国才有家,和平是一个永久的命题。

《礼:卢文丽诗选》是诗人出版的第七部诗歌集,集结了其新时期诗歌创作的精品佳作。诗集展示了诗人多维的生活轨迹和丰富的内心世界,反映了一位女诗人灵魂的思考,及对诗艺孜孜不倦的思索和探寻。我们能做的,就是让心在纸上与诗人一同跳动。

遗失的美好

它可以带你重回青春张扬的岁月,重新体味舌尖美食带给你的喜悦,重温那些高大身影带给你的感动,重拾那些遗失的美好。

你有多久没有静下心来在窗前品茗阅读?你有多久没有放下肩上的担子驻足远眺?你又有多久没注意到燕子何时来何时走、桃花何时开何时败、隔壁的小朋友已成了翩翩少年?

如果以上这些都戳中了你的要害,那么请放慢脚步,翻开《恰似小园桃与李》(白瑞雪著,广西师范大学出版社,2015年7月第一版)。在这本书里,你或许不仅能重温一幕幕似曾相识的温暖,还能用另一种心境去体味这个社会的形形色色。总而言之,用一句话概括这本书:它可以带你重回青春张扬的岁月,重新体味舌尖美食带给你的喜悦,重温那些高大身影带给你的感动,重拾那些遗失的美好。

现代人对一些拐着七八道弯的书,抱有明显的厌烦甚至敌意,倒不是说他们缺乏修养,而是在这个信息爆炸的时代,有太多的文化碎片需要批阅,以至于急需一种寓教于乐的叙事模式。这必然要说到作者白瑞雪多年的记者经历,记者的职业特点和专业素养使她深谙读者的阅读需求,这点在书中也得到了充分的体现。记者具有独特的视角,使文章分分钟戳中读者的泪点或者痛点,令人欲罢不能;记者具有敏锐的嗅觉,总是把热点、焦点、重点揪出来捧到殷殷期盼的读者面前;记者的行文有特色,灵活运用倒叙、设置悬念等写法,让人看着毫不费力。纸质书的顺畅阅读、愉快阅读是快餐式阅读的时代里一个十分重要的命题。这本书有三个特点。

特点之一是见微知著,以小见大。本书中的几十篇文章,篇幅适中,文笔细腻,以诗意的笔调将平淡、琐碎的生活以美的形式展现出来,并蕴含一定的哲思,给读者带来美的阅读体验;文章见微知著,将社会生活、新闻事件的细节呈现出来,为读者理解新闻事件提供了另一个认知维度。

特点之二是标题精准,文笔优美。都说新媒体时代的记者都是标题党,这当然是有些夸大其词,但不得不承认,记者对标题的锤炼简直到了出神入化的地步。这部书里,随便揪出来一个标题,都可以作为一部电视剧的题目,如《剩妈》《左手安全,右手自由》《春风劫》等。很多书的标题是浮夸的、博人眼球的鸡肋——食之无味,弃之可惜,而这本书的标题是第二眼美女,看完了整篇文章还会转身去回味标题的意义。优美的文笔自然也衬得起这样的标题,整本书并非隔岸观火,而是发自肺腑的内心独白,诗意而美好。每一篇散文的前言都截取了文中一段最美的语言,给我印象最深刻的是《剩妈》,"每一个坚信宁缺毋滥的剩女背后,都有一个已然历尽沧桑的老妈",多么痛的领悟啊;《非常爱情》中那段独白虽然平实,可是又何尝不是道出了每个人青涩的大学生涯中那种欲言又止的心情呢?

特点之三是既有小思绪,又有大局观。小思绪的那些篇幅符合大众口味,自然能引起大部分读者的共鸣。青春时,有一种想说又说不出的伤痛;人到中年,又有剪不断理还乱的情思,仿佛一片片散落在书皮上的朦胧红花。大局观方面,又要说到作者记者的身份,作者作为新华社解放军分社的记者,从事军事新闻采编工作多年,不仅让本书更加具有厚重感,也让读者在回味小思绪的同时不忘使命感、责任感,这在第六章"道与器"和第七章

"水尽处"有集中呈现。像《在和平与战争之间》《保持痛感——南京,南京》等篇章,用语并不艰涩难懂,也没有居高临下让人觉得逼仄窒息,仍是以淡淡的笔触,道出了浓浓的意味,令读者收获颇多。

每天面对手机、平板电脑和形形色色的社交软件,你是否已迷失在这个碎片化的世界里?那么,就收拾一下记忆的行囊,在纸质书香的世界里寻找遗失的美好。

小王子的玫瑰花

　　这个世界上,每个小王子都将拥有一朵属于自己的带刺玫瑰,而玫瑰也会温柔地依偎在小王子的肩膀上,即便身处异地,当他们各自仰望夜空时,仍会觉得他(她)就是满天星辰那个独特的存在,永远!

　　是时候谈论一下我心中的玫瑰了,她花瓣中央滴落的露珠,她带刺的傲慢娇气,对你而言无比难忘……

　　"看东西只有用心才能看得清楚,重要的东西用眼睛是看不见的。"这句极富哲理的话是小王子即将离开地球的时候,分享给叙述者的秘密,也是《小王子》(马振聘译,人民文学出版社,2003 年 4 月第一版)的作者安托万·德·圣埃克苏佩里与读者共享的智慧之说。圣埃克苏佩里,这位无数次在高空翱翔俯瞰大地的飞行员,阅尽人间繁华仍葆有童心的作家,送了份礼物给那些自寻烦恼的人。

书中开头部分以第一人称的视角讲述,"我"在一本叫《真实的故事》的书中看到一幅精美的画,并展开想象画下一号作品给大人们看,大人们认为它不过是一顶土黄色的帽子。于是,"我"又画了二号作品:一条正在消化大象的蟒蛇。这才是第一幅图背后的真相,大人们建议"我"最好别再画大蟒蛇,"我"觉得大人自己什么都不懂,总是要小孩来给他们解释。

这是个有趣的开头,我承认我看到的也是一顶土黄色的帽子,事实上大人在孩子眼中确实缺乏想象力,也许什么都不懂吧。一开始,圣埃克苏佩里就将"看东西只有用心才能看得清楚,重要的东西用眼睛是看不见的"这句富有禅意的存在主义宣言隐喻在画中。"心"即内在感受,"眼睛"即外在因素,"重要的东西"是人生或者生活的意义和价值。我们应该明白,看到的未必是真实的,看不见的未必就不存在。

外在的事物本身是没有意义的,除非你赋予了它意义,它们才会因为你而生动起来。比如,后来狐狸对小王子说:"你看,看到那边的麦田了吗?我不吃面包,麦子对我来说一点意义也没有,麦田无法让我产生联想,这实在可悲。但是,你有一头金发,如果你驯养我,那该有多么美好啊!金黄色的麦子会让我想起你,我也会喜欢听风在麦穗间吹拂的声音。"外部的存在本没有意义,因为内在的感知才使它有了意义,作者用狐狸、小王子和玫瑰花把复杂的哲学性命题简化了。

小王子曾经是快乐的,因为它在 B612 号小行星上拥有一朵带刺的玫瑰,它以为这朵玫瑰是宇宙中独一无二的。玫瑰是爱情的象征,有时温柔有时一身刺,有时美好也带着伤感:"如果有人爱上一朵花,天上的星星有亿万颗,而这朵花只长在其中一颗上,这足以让他在仰望星空时感到很快乐。"曾经,小王子的玫瑰花是他的寄托,想念时漫天的繁星都是那朵玫瑰,思念中的快乐也有些淡淡的忧伤。

他穿越沙漠时遇到一朵三片花瓣的花,再好看他也认为是一朵毫不重要的花。小王子和很多普通人的想法一样,为自己拥有别人所没有的东西而感到欣慰和愉快,所拥有的因为独特而倍显珍贵。但是,当小王子走进了那个有五千多枝和他一模一样的玫瑰花的花园时,他就崩溃了,他伤心欲绝的原因在于,他的玫瑰并不是世上独一无二的,他不再感到幸福和富裕。

就在那一刻,那朵玫瑰无论是娇艳还是颓败都没有了意义,花园里的任何一朵玫瑰都可以取代它。原来,幸福感并不来自内心的感受,我们的一生中会遇到很多人,为什么有的人能成为挚交挚爱,有的人只是匆匆过客?有的人让你心痛牵挂,有的人却不以为意?他们如同花园里一模一样的玫瑰,拼接成我们生命中那些重要的画面。

我们也会有小王子一样的困惑:原来你并不是独一无二的,你如此普通,我感到无比伤心。

智慧的狐狸点拨了小王子,也点拨了读者,它说:

> 对我来说,你无非是个孩子,和其他成千上万的孩子没有什么区别。我不需要你。你也不需要我。对你来说,我无非是只狐狸,和其他成千上万的狐狸没有什么不同。但如果你驯化了我,那我们就会彼此需要。你对我来说是独一无二的,我对你来说也是独一无二的。

独一无二的产生从来不是出于独一无二本身,而是我们通过彼此的沟通,慢慢建立起独特的关联。狐狸所说的驯养容易被人遗忘,它指的就是建立关系。在爱情里,像小王子一样愿意倾听玫瑰的抱怨,包容她的骄傲,我们每个人都是独立的个体,为另一个人付出、忍耐、克制,让他(她)成为无人可替代的人,使关系逐步建立起来,并在了解和交往中接通了精神交流的桥梁,自此生命开始有了交集,彼此烙印上了对方的记忆和感知,他(她)与茫茫人海中的任何一人都不再相同。

小王子恍然大悟,他对花园里的玫瑰说:

> 你们很美丽,但也很空虚,不会有人为你们去死。当然,寻常的路人会认为我的玫瑰花和你们差不多。但她比你们全部加起来还要重要,因为我给她浇过水,因为我给她盖过玻璃罩。因为我为她挡过风。因为我为她消灭过毛毛虫(但留了两三条活口,好让它们变成蝴蝶)。因为我倾听过她的抱怨和吹嘘,甚至有时候也倾听她的沉默。因为她是我的玫瑰。

说到这里,作者想要表达的丰富信息和哲理已经通过狐狸和小王子的对话清晰地诠释出来,语言质朴简约,文字纯净自然,读者已了然于胸。爱情的发生正如圣埃克苏佩里所说:"看东西只有用心才能看得清楚,重要的东西用眼睛是看不见的。"如果你爱上了某个星球的一朵花。那么,只要在夜晚仰望星空,就会觉得漫天的繁星就像一朵朵盛开的花。当你一想到她会被羊吃掉,马上,那颗星星就黯淡无光了。

在别人看来,你和他(她)都差不多,但对陷入爱情的人来说,他们是潜在的气息,只能通过内心的暗河感知到,也许在某些时候是全部。当事人会像小王子一样絮絮叨叨,旁边的人像叙述者一样莫名其妙:"别烦啦! 我什么都不认为! 我是随口说说的。我有正经事要做!"对于有爱情浇灌的人来说,与对方有关的一切都是正经事啊! 只可惜像智慧的狐狸说的一样,人们已经忘记了这条道理。

圣埃克苏佩里在短短的篇幅中为读者讲了一个老少皆宜的童话故事,看到了美和善的一面,也直视并抨击了成人世界的烦恼和荒谬,当然这些都并不是最重要的,最重要的是他所秉持的存在主义理念。

我想,用心感知比用眼看来得更真切吧,爱情如是,生命亦如是,它们都是有重要意义和价值的东西。"你要永远为你驯化的东西负责,你要为你的玫瑰负责……"想必,从那时起,她就已经是宇宙中最绚丽而唯一的存在,独立于玫瑰花园里之外,她的瑕疵也能令其他美艳动人的玫瑰黯然失色,让周遭没有意义的风景独好,而你应该为彼此的驯服感到骄傲。

　　这个世界上,每个小王子都将拥有一朵属于自己的带刺玫瑰,而玫瑰也会温柔地依偎在小王子的肩膀上,即便身处异地,当他们各自仰望夜空时,仍会觉得他(她)就是满天星辰那个独特的存在,永远!

见字如面，爱女如斯

在她的故事里，她很乐意成为一个孩子，再邀请其他孩子住进她心里。

有多少家长眼中满满当当地盛着对孩子的爱，心里却捆绑着无数教条和规矩？又有多少孩子，表面上唯唯诺诺，内心却总想挣脱藩篱、自由飞翔？面对孩子时，作为父母的你扮演着什么样的角色？是张牙舞爪的恶魔，袖手旁观的看客，还是指点迷津的长者？家长和孩子之间横亘的东西太多，放低姿态与孩子好好交流，建立良性的亲子互动关系，对于很多家长来说并不容易，要不然怎么会有代沟一说。陈鹤琴先生有言："家庭教育，对于父母来说首先是自我教育。"这正是我推荐吕瑜洁的《我的心里住着一个孩子：写给女儿们的50封信》(武汉大学出版社，2017年1月第一版)的其中一个重要原因。

吕瑜洁在写给她两个女儿或者说所有像她女儿一样

的孩子的五十封信里,以一个普通母亲和亲历这些事件的当事人身份娓娓道来,情感饱满真挚、充满张力。她心里住着的这个孩子,其实是作者"童真"的自喻,像孩子一样与孩子交谈,多么美妙而生动的一课。从这个意义上来讲,这本书不仅是给孩子们看的,更是给身处喧腾闹市里每一个急功近利的家长看的。

学习,不仅是方法论,更是世界观。《自序:成长,比成功更重要》奠定了全书关注人格发展比关注成功更重要的整体基调。把孩子培养成为学霸还是智者?吕瑜洁见微知著地阐释了后者的重要性,反其道而行之,似一股清流一扫当下社会浮躁之气。

"学海无涯苦作舟"的莘莘学子都知道学习之苦,却不知为何而苦。学习,不是为了应试,而是为了走好未来的每一步。在这里,"书""时光"不再是枯燥乏味的意象,而是一种美好的馈赠;思考、信念、自由、努力也不再是遥不可及的虚妄,而是值得一生感怀的精神食粮。《笑纳你的困顿期》《有些弯路,需要你自己去走》《有些道理,需要我们去悟》都是对学习意义的真诚补充。

蒙田说:"生活是我的职责,我的艺术。"生活对于成人和孩子而言,都是宝贵的财富。

育有七个孩子的丰子恺就十分反对剥夺孩子童真、

让孩子活得如同"小大人"一样的做法。吕瑜洁着眼于此，与读者家长一同寻找生活的诗意与多样性，引导孩子们发现生活之美、生活之趣：除了财富之外，还有清欢之味；除了结果获得之外，还有过程之美。荔枝、土豆、鲜花等，每一样看似不起眼的生活小物件，都能熬成生活的至味、正味。

爱是赋予孩子最好的礼物。现实中，又有多少家长以爱之名限制孩子的发展，令其缩手缩脚，一有违逆便愀然喝之，久而久之，孩子便不愿意与大人交心。作者显然对这种爱不以为然。在她的故事里，她很乐意成为一个孩子，再邀请其他孩子住进她心里：轻轻嘱咐着背起行囊远走的女儿，在原地等她归来；做一个从容淡定的母亲，回味在一起的暖心时光；把亲情说得如此云淡风轻，又感人至深，把这种静静的母女间的欢喜浸透生活的每个角落。

与童心共振

　　在这个以儿童诗构建的精神世界里,有孩子们的生活,还有用孩子们的眼光发现的世界。这样才能在字里行间真正显示儿童诗的优美和精致。

　　前不久,我在听一个孩子背诵儿歌的时候,眼前立马浮现出一帧帧富有童趣的画面:童年是什么? 童年是看不完的连环画,这一本那一张,本本张张都有不尽的想象。童年是什么? 童年是飞舞的雪花,飘啊飘啊,飘成一个雪娃娃。童年是什么? 童年是绚丽的泡泡,在飘啊,嘻嘻哈哈,充满了天真和快乐……"连环画""雪花""泡泡"无一不是生活中极其简单、平常的意象,但是,就在"童年是什么?"的重复追问下,这些意象如同正负极电磁般紧密串联在了一起,构成一幅美好的儿童画。赏心悦目、朗朗上口又引发思考,这就是儿童诗的魅力所在。

　　《童年像首歌:现代儿童诗 100 首》(田仙君著,韩燕宁绘,广西师范大学出版社,2017年9月第一版)的主书名就显示出儿童诗的魅力。儿童诗似无数首单纯美好的歌,接通现实与想象,像一种对生活仔细洞察后的诗意表达。作者沉醉在亲手为孩子们以及童心不老的大人们编织的这张大网中,随手一指季节便变换。

作者田仙君在每一首儿童诗里,都不忘摸着孩子的脉搏心跳,去构建一个真实而浪漫的童真世界,我们不妨称其为与童心共振。首先,达成共振的基石是情感,作者情感饱满真挚,时而直抒胸臆,时而含蓄内敛。在诗中,动物、植物都化身为小朋友们的好朋友;对妈妈、爷爷、奶奶的爱无时无刻不在流露;就连馒头、油条、甜果冻都像有了生命一样,儿童诗的情感真实而饱满,两者的高度融合引发读者共鸣。其次,与童心共振需要想象力,丰富的想象让思维跳出了原本的束缚,成为更加鲜活的个体,实现与孩子们零距离交流。如《小星星》中的星星,是孩子明亮的眼睛,是孩子善良的心,是黑夜中独自守护孩子梦乡、驱赶黑暗、陪伴月亮的小橘灯,同时也表达了孩子对未知的渴望、对宇宙的探索和对星月的向往。书中的诗歌意境优美、引人入胜,"趣味植物篇""天文气象篇"的意境尤为传神。在《把秋天留在窗前》中,"飘着一片片落叶",捡起"一叠叠沓沓落叶",拼接成"小鸟"和"蝴蝶",那种诗意盎然的感觉喷薄而出;《蒲公英的孩子》中写蒲公英"绿色的草滩上开出黄灿灿的小花","花瓣变成乳白色的绒球",让大人孩子都忍不住要弯腰吹着玩耍。

《童年像首歌》中的儿童诗形式多样、构思新颖、别具一格。"奇趣动物篇""趣味植物篇"中通过对动物特点的白描式勾勒,自然过渡到对动物精神品质的赞美,由浅入深地引导孩子们学习动物的美好品质。在语言上,诗歌语言简练,表达流畅,节奏明快,音律和谐。错落有致的诗句,与悠远自由的意境遥相呼应,呈现一派令人向往的诗内诗外风景。《牧羊人》:"辽阔的草原/一望无际/连绵不断/蓝蓝的天空在白云的衬托下/显得格外宽广/一群群/白白胖胖的绵羊/正低头吃着鲜嫩的小草/牧羊人拉出的马头琴声是那么的悠扬。"像《四季歌》中,写四季歌的内容很多,如果把四季的意象简单地叠加,难免流于平庸,而且容易重复。四季歌独辟蹊径,把四季景物特点与人物活动结合,同时涉及自然环境、祖国江山、讲卫生、讲礼貌的内容,既把四季的美好展露无遗,又立意深刻令人思考。

或咏物,或叙事,儿童诗里,各种修辞手法分别诠释不同的意象特点,比喻简洁明了,如"妈妈说/白天那红红的太阳/是天空的脸庞"(《天空》);排比加深印象,增强气势,如"是春风把我吹绿/是阳光把我唤起/大地把我拥抱哺育"(《小草》);对比简单明了,如"荷叶大/荷花小/荷叶多/荷花少"(《荷》)。除此之外,还运用了夸张、设问、反复等,这些修辞手法的运用大大丰富了儿童诗的样式。

这本伴随儿童健康成长的儿童诗,在引导孩子仔细观察动物、植物、气象等外在事物的同时,也鼓励孩子们做个生活的有心人,《妈妈包的饺子》《我为妈妈倒杯水》《我给奶奶照张相》《奶奶的眼睛》都是我们身边发生的小事,一件件小事放进心里,咀嚼回味,最后它们就是纸上插上翅膀飞翔的诗意。当代著名儿童文学作家金波说:"在这个以儿童诗构建的精神世界里,有孩子们的生活,还有用孩子们的眼光发现的世界。这样才能在字里行间真正显示儿童诗的优美和精致。"

善隐居者，在闹市

田园生活，不一定要去农村，一花一菜，一瓜一豆，一木一叶，一茶一饭，在城市中亦可获取，心安处即是故乡。

自古以来，历代文人都怀有"南山情结"。时至今日，南山不再是一个具体的方位，它是一座时光的山，一种寄托的山，一个"采菊东篱下，悠然见南山"的美好意象。人们心中藏有一座南山，向往一条通往山前的幽径。可是，田园牧歌纵然美好，通常却求而不得，特别对于久居都市的人们来说，主客观条件都难以实现。随着各类短视频、抖音的热播，乡村旅游的兴起，很多幽僻的大山生活让城市人艳羡不已，人们开始不断地探讨什么才是生活的真味。

《南山有我一亩田》(李开云著，广西师范大学出版社，2020年7月第一版)是"从前慢书系"之一。作者李开云，是现实主义题材作家，也是田园生活爱好者。书中不再赘述故乡是一个"再也回不去"的伤感命题,而是娓娓道来,向读者揭示了人生是一场奇妙的轮回:人们好不容易从田园走向都市,后来又渴望回归田园。作者提出了另一种回归心中田园的可能性:田园生活,不一定要去农村,一花一菜,一瓜一豆,一木一叶,一茶一饭,在城市中亦可获取,心安处即是故乡。

"在希望的田野上"用最传统的劳作方法和智慧挥洒汗水、播种希望;一畦畦随季节转换的藤菜、玉米、黄瓜、韭菜、黄豆、西红柿、菠菜、豌豆尖,让人品味俗世人间的一蔬一禾;温暖的乡野上摇曳的花椒树、枇杷树、柿子树、向日葵,它们是成熟的喜悦,是忘却不了的故事;菜青虫、蜜蜂、蚂蚁、蚕这些蝼蚁般的动物,编织着动物世界的规则;哪怕如建墙、换地、立界、防偷等再朴素不过的日常活动,也能品出动人滋味。

乡野之梦可以慰藉城市的孤独,悠然自得的慢生活是一蔬一禾一日常,来自俗世最简单的温暖。听一场雨,看一场露天电影,坐在与自然契合的原木居所品茗阅读,将原本密不透风的生活织得稀疏寻常,何尝不是另一番别样的意趣呢?为了实现这些愿望,作者花了一千元钱购得了一块菜地的使用权。他从土地中收获蔬果的同时,也开始逐渐依赖土地,进而更能体会父辈们拼死劳作的情感。

眼前的烦心事才下眉头，从前的美好的事和人悄然浮上心头。

比如，在玉米地里，"那些日子，我总是在薄雾还未散去的早上，和父亲走在下田的路上。我背着竹背篼，背篼里装着一把锄头，父亲则担着一双箩筐。我们的脚步踩过空旷的山谷和田野，凉风吹过，听得见露珠和星辰翻身的声音"。

跟随放松的姿态谈生活的态度，每篇充满泥土气息的文章，蕴含着一个古老而善意的哲理。只需稍加留心，你就能从坚硬的土层中挖出一个个生动且鲜活的例子。譬如，从给植物施肥的过程，慢慢摸索出"凡事都有度，一旦过度，将得不偿失"的道理（《肥料从哪里来》）；锄草的时候也是对生命的梳理与致敬，"那些不被关注的寂寞生命，也能表现出生命韧性"（《锄草》）；人生是场漫长的旅途，除了自己，还有身边给予帮助的人，一个支撑架也能引发一段感慨，"每个人在成长的过程中，都需要有一个像'站站'一样的人来扶持"（《插支撑架》）。

独乐乐不如众乐乐，劳作中与人分享令人放松和快乐，越来越多城里的人关上房门获得独处的安静，却丧失了这种交流带来的简单愉悦。乐于助人的李爷爷、换地的老郭等人都是这片独特天地的有机组成部分。

和其他菜农朝夕相处，喜悦不言自明，闻鸡犬之声，收获人与人相处的脉脉温情，这样的人生，作者认为是最好的人生。

在书中，作者用最平实、简练的语言，向读者展示了一幅"日出而作，日落而息"的生活画卷，时间变慢，心的画卷才会逐渐舒展。一张张"农耕图"未曾修饰雕琢，如同与城市一墙之隔的菜地里肆意生长的作物，兴致所至，画境之所达，图文并茂地记录了六年在城市田园的农耕生活。

每个人离开故乡后，开始流浪，流浪中离家乡越来越远，也发现漫漫路途无法靠近，在流浪的中途给心灵一点空间，构筑一个所谓的"理想国"。作者将浪漫和诗意结合，将现实主义和理想主义结合，造梦"南山一亩田"，闹市隐居，是否离梦中的村庄更近一些呢？

"华丽家族"的优雅舞姿

这本书更像是个舞会,克里斯蒂带着波洛、马普尔等她小说中的鲜活人物在王安忆的笔下优雅起舞。

一直有着浓厚的阿加莎·克里斯蒂情结的王安忆,经过漫长的酝酿期,终于让这种虚空的崇拜幻化成真实的文字。在《华丽家族:阿加莎·克里斯蒂的世界》(安徽文艺出版社,2006 年 11 月第一版)这部绵绵二十万字的作品中,王安忆出于对阿加莎·克里斯蒂的狂热,出于一个女性作家对另一个女性作家的惺惺相惜,以缜密又不乏轻松的文字,精心地安排每一个人在华丽舞会中的出场顺序,让他们交相辉映地崭露头角,一切看似随意其实处处暗藏玄机。

在人们的印象中,王安忆是个出色的小说家。中短篇小说集《雨,沙沙沙》《流逝》《小鲍庄》《荒山之恋》《海上繁华梦》,长篇小说《米尼》《纪实与虚构》《长恨歌》等作品的面世,逐步奠定了她在小说界的权威地位。随着她在文学创作方面日臻成熟,她作品的疆域在逐渐拓展,而今,她的第一部读书随笔集的诞生也就水到渠成了。

她并没有用长篇大论来分析克里斯蒂情结的创作背景、创作理论,而是单纯从个人的角度出发,从一个女性特有的敏感、细腻的情感入手,从人物形象、故事情节、文学创作技法及带给读者感受等方面逐一说明。王安忆说:"我读阿加莎·克里斯蒂的小说,感受相当单纯,那就是'享受'。"只有排除了过分理性的因素,加入浓浓的感情色调,才能自然而真切地享受其中的惬意。

王安忆称,克里斯蒂是个编织故事的能手,波洛、马普尔小姐就是她笔下的线头,来回穿梭出侦探故事的惊心动魄。在人物的引领下,精彩的悬念迭出,这体现了女性作家的细腻与精巧。这些故事情节浑然一体,互为参照,构成了她的"华丽家族"。那么说来,王安忆又何尝不是编织高手呢? 她把已经编织好的成品再进行一次感性的全面梳理,从而让其熠熠生辉,如果没有对作家心路历程的体会和心灵的共通,怎会这般挥洒自如、一气呵成? 王安忆轻松自然的表述,灵动有致的语言,让读者更能感受克里斯蒂小说的魅力。

《华丽家族:阿加莎·克里斯蒂的世界》对克里斯蒂的评论并没有过分精致的雕琢和华丽的语言,只有平实、平淡。此次结集成册,编者加注了旁白和克里斯蒂的照片,让内容更加翔实、饱满。于是,这本书更像是个舞会,克里斯蒂带着波洛、马普尔等她小说中的鲜活人物在王安忆的笔下优雅起舞。

用诗心吟唱归乡的旋律

在他风趣幽默的诗画中尽显豁达与丰厚，这不仅是对逝去岁月的缅怀，更是一种超越未来的特殊情感的表达。

在中国既能写又能画的人实在是少之又少，所以当黄永玉出现时，大家便大呼"鬼才来了"，听上去好像有些搞笑，但等真正走进他的作品，欣赏他瑰丽的文字，品味着他流泻在字里行间的天马行空、跌宕起伏的情感时，你才觉得这样的称呼貌似也不为过。"鬼才"的雅号便堂而皇之地冠在他的头上，虽然他自己有点讨厌这个称号。

出生在一个浮躁、缺乏诗意的时代，伫立在被钢筋水泥结构包围得近乎窒息的空间中，这部书绝对称得上是充满感性的诗集。他的诗中包含着画的唯美，他的画里又蕴含着诗的空灵，诗画互融，增加了阅读的情景感和体验美。《一路唱回故乡》(黄永玉著，作家出版社，2006年7月第一版)像一本"彩绘本诗集"，带着一路的诗情画意奔向黄永玉心中的故乡。

故乡是个永恒而古朴的题材,深植在每个有期盼和挂念的游子心中。自十几岁离开故乡,此去经年,黄永玉在外足足漂泊了半个多世纪,但是他的心却从未远离那片美好的土地,他的许多重要作品都与故乡紧密相连,黄永玉的故乡情结被沧桑岁月陶冶得充满诗情。故乡的人与事,大时代的跌宕,个人情感心绪的瞬时感受,被他写得时而伤感,时而优雅,时而激越,时而豁达。

读读他的诗,看看他的画,品个中滋味,我们的生活便多了一份隽永的回味,让人身临其境地去感受诗人心中的那个小城凤凰,或许不仅仅是凤凰,还有北京,乃至整个中国。

如果你深入去感受黄永玉的诗,会发现他写的又不是单纯意义上的诗:他依然发挥着《永玉六记》中表现出来的机智、幽默、俏皮、敏感。在他风趣幽默的诗画中尽显豁达与丰厚,这不仅是对逝去岁月的缅怀,更是一种超越未来的特殊情感的表达。

业内评价《一路唱回故乡》是黄永玉故乡情结的"诗化"结晶:书中有浓浓的深情,又有不落窠臼的结构与语言、大俗大雅的奇思妙论。这些都是黄永玉鲜明个性的标签。

后　记

　　《闲书慢读》接近尾声,感觉可算是能舒一口气了,每样东西待到回望时,总会感慨颇多。

　　对书的书写,算不算书中的书呢?这不是一部学术著作,最多算是茶余饭后的消遣读物。其中满是和书、阅读有关的评述、思考、分享、经验等,人在书之中,又在书之外。与其说这是一本书评集,我更愿意把它定位成一部相对随意的读书笔记,兴之所至,情之所至,笔之所至,它记录了我在阅读的过程中见到的各种风景和风景中的人。

　　记得有一个朋友说:"在信息爆炸的时代,那么多的书怎么看得过来啊。"人生很短,时间很宝贵,我想很多读者可能都会有这样的疑惑。那写书评的人就如勘探者一般,书中有没有矿?穷矿还是富矿?读者通过书评能预先去了解一番。我不能轻易地品评一本书好或者不好,至少可以将书涉猎的内容、主旨通过归纳呈现给需要的人,将它的艺术形式、表现方式等讲述出来。这样,像我朋友一般的人就能通过这些文章来选择阅读与否。这样想来好像挺有意义，我以自己的思考影响了别人的阅读选择。当然，受自身学识、眼界等限制，无法尽然地展示书的全貌，未及之处必定也很多，故所写之内容只能作为参考，就和"尽信书，不如无书"的道理一样。

仅仅是原封不动地将书的优劣平铺直叙出来，通常是些拾人牙慧的事，这多没劲，自然不是我的意愿。引导读者感知快乐、学会思考也许才是我的本意吧。如果能从作者的视角出发，沿着他们创作的历程，触动更多的思考，生发出更多的观点，扩展原有的知识边界，恐怕是件有意义的事情。书是一片海，能潜入其中，遇到的就不再局限于这本书的作者了，而是一系列事物——关于人生、情感、命运……奥地利作家埃尔弗里德·耶利内克在《魂断阿尔卑斯山》中说："我们一直用我们睁开的双眼眺望，只为寻找自己，然后努力生长，力争成为森林。"现实过于狭窄，那么不妨通过字里行间去眺望远方，寻找自己的方向。睁开眼睛，竖起双耳，只为更清晰地瞭望和听取。

希望其中的叙述既有深思也有顿悟，既显稳重又显跳跃。既然那一本本书是不一样的，那关于这些书的文字必定也有所区别，千篇一律肯定会失去原著的特色。如果读者能从这些文字中获得原著的营养，那么我也深感欣慰。同样，我也尝试将其他水渠中的水引入，导入更多营养——以评论的方式、散文的方式、诗歌的方式,若干杂糅在一起,让它看起来不再像笔记,而成为灵动的独立的个体,我撷取其中一部分,放入更多诗意和有趣的内容。

此书写完,既有解脱,也有言不尽意之感,如同在山间行走了很久的一位樵者,从晨光熹微到暮色四合,从山麓到山顶,一直在低头做事,只有日落返程时,才有心情欣赏聆听山间发生的一切。